CIRCUITOS INFINITOS

coleção de antropologia
movimentos religiosos do mundo contemporâneo

CIRCUITOS INFINITOS

Comparações e religiões no Brasil, Argentina, Portugal, França e Grã-Bretanha

Organização e Introdução

Otávio Velho

Autores

Leila Amaral

Emerson Giumbelli

Clara Mafra

Pablo Semán

cnpq/pronex
attar editorial

coleção de antropologia
MOVIMENTOS RELIGIOSOS NO MUNDO CONTEMPORÂNEO

Coordenador:
José Jorge de Carvalho

Conselho Editorial:
Otávio Velho,
José Jorge de Carvalho,
Regina Novaes,
Rita Laura Segato,
Ari Pedro Oro

Apoio:
MCT/CNPq
Departamento de Antropologia - Universidade de Brasília

Endereço:
SCLN 406 - Bloco A - Sala 210
70847-510 - Brasília - DF
tel/fax: (61) 272 9499

ATTAR EDITORIAL
rua Madre Mazzarello 336 05454-040 São Paulo - SP
fone/fax (11) 3021 2199 www.attar.com.br

Dos Autores

OTÁVIO VELHO

Professor-Titular do Programa de Pós-Graduação em Antropologia Social (Museu Nacional, Universidade Federal do Rio de Janeiro). Autor entre outros de *Besta-Fera: Recriação do Mundo* e *Capitalismo Autoritário e Campesinato.*

LEILA AMARAL

Concluiu seu doutorado no Programa de Pós-Graduação em Antropologia Social (Museu Nacional, Universidade Federal do Rio de Janeiro) no ano de 1998. Atualmente é Professora Convidada do Programa de Pós-Graduação em Ciência das Religiões na Universidade Federal de Juiz de Fora (UFJF).

EMERSON GIUMBELLI

Concluiu seu doutorado no Programa de Pós-Graduação em Antropologia Social (Museu Nacional, Universidade Federal do Rio de Janeiro) no ano de 2000. Atualmente é Professor-Adjunto do Departamento de Antropologia Cultural no Instituto de Filosofia e Ciências Sociais daUniversidade Federal do Rio de Janeiro (UFRJ).

CLARA MAFRA

Concluiu seu doutorado no Programa de Pós-Graduação em Antropologia Social (Museu Nacional, Universidade Federal do Rio de Janeiro) no ano de 1999. Atualmente é Professora-Adjunta do Departamento de Ciências Sociais, Instituto de Filosofia e Ciências Humanas na Universidade Estadual do Rio de Janeiro (UERJ).

PABLO SEMÁN

Doutor pela Universidade Federal do Rio Grande do Sul (2000), pesquisador do CONICET/ Escuela de Humanidades de la Universidad Nacional de General San Martín e bolsista de pós-doutorado do Programa de Intercâmbio Científico Sul-Americano (PROSUL) do Ministério da Ciência e Tecnologia junto ao Programa de Pós-Graduação em Antropologia Social do Museu Nacional da Universidade Federal do Rio de Janeiro (UFRJ) no ano de 2002.

Sumário

Circuitos Infinitos

Comparações e religiões no Brasil, Argentina, Portugal, França e Grã-Bretanha

Introdução: De comparações e de religiões

Otávio Velho

I

Esta coletânea possui um duplo vínculo com a Antropologia que se pratica no Brasil. Por um lado, é legítima filha dessa tradição, o que fica bem demonstrado por seu conteúdo e pela trajetória e formação de seus autores. Mas, por outro lado, é também anúncio de novas possibilidades.

A primeira e mais óbvia novidade corre por conta de os estudos aqui reunidos serem resultados de pesquisas que não se desenvolveram exclusivamente no Brasil, mas também na Argentina, França, Grã-Bretanha e Portugal. Trata-se, quanto a isso, de nova tendência, ainda francamente minoritária entre nós, embora promissora. Ao passo que a Antropologia nos países centrais, mesmo quando não necessariamente comprometida politicamente, teve como referência a construção dos impérios, nós aqui (como também – numa das faces de Janos – os Estados Unidos) nos comprometemos efetivamente com a construção da nação (*nation-building*). Isso certamente determinou, entre outras, a escolha dos campos de pesquisa. Não que se ignorasse o "exterior". Pelo contrário, herdeira do ensaísmo nacional e fiel a um viés definidor da disciplina, a comparação esteve sempre presente, explícita ou implicitamente. Mas o "exterior" – salvo honrosas exceções – raramente foi objeto de pesquisa etnográfica tal como ocorreu no caso dos autores aqui reunidos, talvez como sinal de uma mudança no "espírito do tempo".

Feito esse registro, não há dúvida que no atinente à comparação a presente coletânea segue a tradição. Mas com algumas diferenças, além do já citado envolvimento privilegiado com a atividade etnográfica. Diferenças que têm a ver também com o posicionamento frente à construção da nação. Efetivamente, a comparação entre nós até hoje manteve-se fiel a esse compromisso. Nesse sentido, foi sobretudo um recurso para melhor nos compreendermos, mais do que o reconhecimento fenomenológico de habitarmos o mesmo mundo que os "outros". O contraste é que foi sempre acentuado, e com grande proveito. Proveito sobretudo na busca que respondia (e responde) a ansiedades, que não são só acadêmicas, em torno de nossa cultura, nossa identidade, etc. Uma metodologia relacional a serviço de uma busca de substância.

Aqui, o enfoque é diferente. O contraste não é premissa metodológica. Nem o seu contrário, como ocorre na Ciência Política e na Sociologia, por vezes com o complicador de um gradiente. O fato de estarmos diante de pesquisas empíricas e etnografias permite eliminar esses *a priori*. Como permite, talvez, apreciar riquezas e complexidades que de outra forma poderiam ser ocultadas por uma lógica binária. Privilegiando o que nos distingue aqui da ênfase no contraste – já que foi esta ênfase que predominou na Antropologia contemporânea – poderíamos dizer que com ela talvez não fosse possível levar em conta plenamente que (ao contrário, inclusive, do que pensam muitos pesquisadores do "Primeiro Mundo"), também entre nós, pode florescer a "nova era"; ou podem os debates sobre as "seitas" ter seus equivalentes. E, ao reverso, Paulo Coelho pode ser lido no mundo todo; e a Igreja Universal do Reino de Deus pode encontrar adeptos em outras plagas, sem que tudo se explique por uma capacidade de adaptação, já que sua estratégia costuma se basear no confronto. "Jamais fomos modernos" e "jamais deixamos de ser modernos" aparecem como duas faces da mesma moeda. Mas a lição é a mesma: há razões para o exercício do pensar sem o apoio de um "grande divisor".

Concomitantemente, as unidades de comparação também se complexificam, as culturas e Estados nacionais encontrando naturalmente o seu lugar; mas sem exclusividade, na concretude de cada caso. Rompe-se a camisa de força dos "contextos" reificados, unívocos, dados por evidentes e onideterminantes. Libertam-se os objetos de estudo. A apreciação empírica permite, também, não nos atermos exclusivamente às imagens e auto-imagens, aos discursos intencionais, controlados, definidores de uma antropologia assimétrica. A observação participante recupera a sua intensidade, seu escopo, seu pleno sentido e seu potencial de revelação. A construção da nação deixa de ser tarefa tutelar no reconhecimento de que não é apenas a antropologia da construção dos impérios que pode estar datada.

II

Propositalmente, esta introdução não foi iniciada falando-se de "religião". Seguidamente, quando isto é feito o assunto já é de início encerrado. Encerrado num discurso moderno que o torna inócuo para o conjunto da vida social. Mas a lição dos estudos desta coletânea é justamente o contrário, ajudando-nos a duvidar dos discursos dominantes, que nos aprisionaram mesmo nos casos em que duvidávamos (por contraste) da sua vigência entre nós. Dúvida que no entanto respeitava a referência e sua plena vigência e poder de descrição lá onde foram originalmente produzidos, empobrecendo o esforço de comparação (assimétrico) e limitando ritualmente o campo da nossa reflexão a um "nós mesmos" resquicial. Esta própria introdução coloca-se do lado que pretende apreciar – respeitada a polissemia dos vocábulos – o que há de iluminador em pensar a vida social a partir das questões da religião e do sagrado. Pensar a vida social não só dos povos da periferia, mas até a que emana os atos políticos e militares dos grandes centros de poder mundial.

Nesta tarefa, não parecemos estar sós. Não é à toa que a velha figura do "fetiche" foi recentemente ressuscitada. Ressuscitada para dar conta de uma constatação, que se tem na "religião" um momento privilegiado, a ela não deve se restringir: como é possível que os seres humanos adorem aquilo que eles mesmos criaram?

Bruno Latour (*Reflexão sobre o Culto Moderno dos Deuses Fe(i)tiches*, Bauru: EDUSC, 2002) teve o imenso mérito de levantar a questão, um verdadeiro alerta para a nudez do discurso moderno dominante, justamente à medida que hoje se pode ver (ao contrário do século XVI) que a questão não se restringe a nativos africanos. Mas certamente há ainda muito o que se discutir sobre as possíveis respostas, sempre com amplas implicações. Talvez estejamos diante não apenas de construções nossas, mas de verdadeiras sínteses descritivas oriundas da captação e digestão de informação que, por sua vez, projetamos sobre o mundo, tornando essas sínteses estruturantes. Esse caminho – que não é o de Latour – me parece possível trilhar, tomando Gregory Bateson como inspiração (ver O. Velho, "De Bateson a Ingold: passos na constituição de um paradigma ecológico". In: *Mana*, Vol. 7, no. 2, 2001). Se o fizermos, acabaremos sendo conduzidos ao terreno da apreensão de totalidades, associável em Espinosa a um terceiro modo de percepção (sendo os outros dois identificados com a imaginação e a razão). Apreensão de totalidades que é para Bateson justamente a vocação primordial da arte e do sagrado. Terreno, portanto, que antes da construção, é de escuta e propiciação. Amplos horizontes para a questão da religião.

III

Os trabalhos aqui reunidos têm todos a ver com essas questões. Mas também com muito mais. Anos de convivência não permitem mais um estrito controle das redes que nos envolvem conjuntamente, nem das que eventualmente não o façam. E, por outro lado, há uma grande riqueza também nos desenvolvimentos individuais aqui exemplificados.

Leila Amaral, a partir de uma pesquisa no Brasil e na Grã-Bretanha, tenta captar um dos aspectos centrais da religiosidade contemporânea, através do que considera específico de uma cultura religiosa errante, neste princípio de século. Argumenta tratar-se de uma cultura religiosa que se constitui por meio de uma "lógica que aponta para o deslocamento de diferenças híbridas", uma vez que se refere a certas experiências que visam transformar, desarranjar e rearranjar elementos de tradições já existentes, não se apresentando, por sua vez, em um único lugar institucional ou territorial, nem se restringindo a articular linguagens estritamente religiosas. A partir do uso do termo "nova era" como um conceito mais geral que condensa a dimensão transcultural das questões formativas dessa cultura religiosa, o objetivo é demonstrar que a lógica constitutiva dessa cultura religiosa errante, apesar de se apresentar como um princípio universal, não nos leva a reconhecer em suas práticas "um padrão universalizante, uma uniformização regionalizante ou mesmo uma uniformização globalizante", justo porque não se apresenta como uma lógica sistêmica. Emerson Giumbelli propõe elaborações que se baseiam em duas situações de controvérsia acerca de grupos religiosos – a que ocorre na França em torno das chamadas "seitas" e a que ocorre no Brasil em torno da Igreja Universal do Reino de Deus. Partindo dessas situações, elege os temas da assimetria e da comensurabilidade para fazer uma discussão sobre religião, espaços nacionais e globalização. A pretensão, assim definida, cobre tanto aspectos da realidade – nesse caso, as sociedades brasileira e francesa, através das controvérsias que nelas ocorrem – quanto modos de perspectiva – como observar simultaneamente essas duas sociedades. Clara Mafra, por sua vez, parte da constatação de que na modernidade a evocação do sublime e do monumental nos grandes centros urbanos foi transferida da arquitetura do templo religioso para os complexos arquitetônicos que abrigam as grandes corporações, os shoppings, os museus, as universidades. O pentecostalismo, no entanto, se proporia a desestabilizar essa constatação. Baseando-se em pesquisa sobre o impacto do pentecostalismo no Brasil e em Portugal, a autora argumenta que essa religiosidade está marcada por uma busca do retorno do maravilhoso em uma época em que este se tornou fugidio, o requisito chave para esta outra forma de sensibilidade sendo, então, o reconhecimento do exuberante no infinitesimal. Finalmente, Pablo Semán considera que Paulo Coelho e sua difusão universal implicam a convivência de três fenômenos que merecem atenção. De uma parte, a existência de uma comunidade "universal" que reflete uma alargada transformação das sensibilidades, organizada em torno de noções que às vezes pertencem a um virtual patrimônio comum das religiões, porém também de noções que as ortodoxias têm deixado numa zona cinza entre o periférico e o herético. Imediatamente ligado a isso aparece a própria figura de Paulo Coelho, vetor ao mesmo tempo expressivo e constitutivo dessa sensibilidade transformada: brasileiro e mundial, *outsider* e *mainstream*, mago e literato, articularia uma síntese que tornaria possíveis perspectivas e horizontes globais. Por último, segundo o autor, teríamos os circuitos de transmissão, comentário e interpretação de livros, que revelam a rearticulação das relações entre o crer, o ler e o fazer instituições religiosas.

IV

Os autores aqui reunidos possuem inserções institucionais diversificadas (ver a apresentação dos autores). Porém, todos passaram (ou passam) pelo Programa de Pós-Graduação em Antropologia Social (PPGAS) do Museu Nacional (UFRJ – Universidade Federal do Rio de Janeiro). Agradecemos ao PPGAS o apoio ao nosso trabalho na pessoa do seu atual coordenador, Prof. Marcio Goldman, bem como à FINEP, que tem sido fundamental na viabilização de muitas de nossas atividades. Como também agradecemos aos participantes do Pronex ("Movimentos Religiosos no Mundo Contemporâneo") em que nos inserimos – e que acolheu esta coletânea na sua coleção homônima – na pessoa do coordenador, Prof. José Jorge de Carvalho, amigo e referência permanente.

Agradecemos, por último, ao CNPq e à CAPES, sobretudo pelo apoio na forma de três bolsas-sanduíche no exterior e uma bolsa de pós-doutorado, bem como ao Programa de Intercâmbio Científico Sul-Americano (Prosul) do Ministério de Ciência e Tecnologia por uma bolsa no âmbito do acordo com a Argentina. Sem essas bolsas este conjunto de trabalhos não teria sido possível. Só podemos esperar que esta amostra parcial dos frutos desse investimento e do que se pode fazer como desdobramento da Antropologia que se pratica entre nós numa projeção transnacional, sirva de estímulo para o prosseguimento, incentivo e ampliação desta forma de trabalho.

Ilha de Paquetá, janeiro de 2003

Um Espírito sem Lar:

sobre uma dimensão "nova era" da religiosidade contemporânea

Leila Amaral

Um Espírito sem Lar:

sobre uma dimensão "nova era" da religiosidade contemporânea

Leila Amaral

1. Introdução

Escrever sobre espiritualidade Nova Era a partir de um trabalho de campo que não se realizou em um único lugar, mas em múltiplos espaços espirituais, tanto no Brasil como na Grã-Bretanha,[1] pode parecer que se propõe a apresentar a especificidade desse fenômeno em ambientes culturais distintos, comparando suas manifestações, à primeira vista semelhantes, em contextos sociais contrastantes. No entanto, a perspectiva pela qual venho estudando o fenômeno não me autoriza fazer uma comparação dessa natureza, porque, mais sensibilizada com a dimensão transcultural de suas questões formativas, acabei interessando-me pelo "espírito sem lar" de uma "cultura religiosa errante", no espaço urbano contemporâneo, para a qual reservei esse adjetivo Nova Era.

Com esse termo, podemos nos referir, em princípio, a um fenômeno espiritual,

1. Entre os principais locais, no Brasil, onde minha pesquisa de campo foi realizada, nos períodos de 1993 a 1994 e de 1996 a 1997, destacam-se: Rio de Janeiro, São Paulo, Goiás (Pirenópolis) e Paraíba (Campina Grande). De outubro de 1994 a outubro de 1995, estabeleci-me na Inglaterra onde realizei pesquisa de campo em várias localidades, principalmente em Londres, Lancaster e Glastonbury. De lá visitei a Escócia para participar, na Fundação Findhorn, de experiência comunitária e de sua ampla oferta de *workshops*.

que vem se tornando visível desde a década de 60, no qual um campo variado de discursos se cruzam: a) o dos herdeiros da contracultura com suas propostas de comunidades alternativas; b) o do autodesenvolvimento, na base das propostas terapêuticas atraídas por experiências místicas e filosofias holistas, fazendo-as corresponder às modernas teses científicas, por aproximações de ordem metafórica; c) o dos curiosos do oculto, informados pelos movimentos esotéricos do século XIX e pelo encontro com religiões orientais, populares e indígenas; d) o discurso ecológico de sacralização da natureza e do encontro cósmico do sujeito com sua essência e perfeição interior; e) o da reinterpretação *yuppie* dessa espiritualidade centrada na perfeição interior, através dos serviços *new age* oferecidos para o treinamento de pessoal nos setores de recursos humanos, nas empresas capitalistas.

Todavia, para além dessa definição, que nos é capaz de apresentar o aspecto empírico de uma das tendências espirituais contemporâneas, em sua aparência mais imediata, venho utilizando o termo Nova Era para sugerir um conceito mais teórico, capaz de captar o que considero específico de uma "cultura religiosa errante", neste princípio de século. Utilizo-me do termo Nova Era mais como um adjetivo – para referir-me a práticas espirituais e religiosas diferenciadas e em combinações variadas, independente das definições ou inserções religiosas de seus participantes – do que como um substantivo que possa definir identidades religiosas bem demarcadas. Minha intenção, com o uso desse conceito, é ressaltar a seguinte especificidade: a possibilidade de certas experiências espirituais e religiosas de nosso tempo de transformar, estilizar, desarranjar ou rearranjar elementos de tradições já existentes e fazer desses elementos metáforas que provoquem, performaticamente, determinadas sensações ou visões, em destaque em um determinado momento e segundo determinados objetivos. Com este termo, não estou sugerindo, portanto, a existência de "algo", no caso, uma "religião" que seja em si mesma ou por si mesma Nova Era, nem mesmo a possibilidade de constituição de uma "língua franca" capaz de unir diferentes tendências contemporâneas. Fico inclinada a enxergar o que é Nova Era mais no domínio do parcial, do ambíguo, do provisório e da indefinição, isto é, mais no domínio da adjetivação parcial do que na substantivação determinante.[2]

Em função desse conceito, ao invés de privilegiar o estudo de identidades religiosas exclusivas que emergem de uma estrutura cultural competente, tenho procurado seguir, em minhas pesquisas, essa cultura religiosa que não se mostra em um único lugar institucional ou territorial, que não se apresenta em um único templo ou ambiente cultural, nem mesmo se restringe a articular linguagens estritamente religiosas, mas que, ao contrário, se constrói e reconstrói constantemente, pelas combinações com os diversos campos de linguagem, até mesmo com aqueles normalmente tidos como não religiosos.

É a partir dessa perspectiva que o texto a seguir pretende responder a uma questão que geralmente norteia os estudos comparativos, ou seja, se seria possível falar de uma "indigenização"[3] da espiritualidade Nova Era ou, em outras palavras, de variáveis ou versões tipicamente nacionais.

Com este objetivo, serão salientadas certas questões formativas do fenômeno em questão, sem pretender, contudo, induzir o leitor a concluir que as características em foco se restringem à experiência brasileira, inglesa ou escocesa – lugares nacionais onde o trabalho de campo foi realizado. O que se pode observar, à guisa de introdução, é que, apesar de no Brasil ainda existir menor oferta de serviços de bens espirituais no mercado Nova Era do que na Grã-Bretanha – berço e principal base difusora dessa cultura religiosa juntamente com os EUA –, a natureza da oferta aqui não é significativamente diferente, nem é menos interessante ou menos de vanguarda. Se a Inglaterra e a Escócia são lugares de produção da Nova Era como expressão de uma cultura alternativa, o Brasil apresenta um terreno religioso diversificado aliado a uma estrutura peculiar de articular as diferenças, na forma de

2. Acredito que o sentido que venho dando ao termo Nova Era e que pretendo torná-lo claro neste capítulo só pôde ter nascido daquela dimensão transcultural proporcionada por minha inserção no campo da pesquisa.

3. Traduzo por "indigenização" o termo *indigenization*, cunhado, primeiramente em inglês, para se referir ao processo de apropriação seguido da transformação de costumes de um povo por um outro povo – originariamente colonizados e colonizadores – de acordo com as coordenadas culturais do povo que deles se apropria, distanciando-os de sua matriz de significação original ao fornecer-lhes, finalmente, uma nova identidade cultural, nacional ou tribal.

"interpenetrações múltiplas", que fazem com que o fenômeno adquira aqui um significado enriquecido.[4] Mas, com isto, quer-se dizer, apenas, que essa cultura religiosa errante, que se reproduz simultaneamente em muitos locais, por muitas atividades diferentes, para muitas finalidades diferentes e, principalmente, por muitos agentes diferentes, encontra no Brasil um terreno cultural, místico, religioso e mágico propício para sua atualização numa dimensão extraordinariamente grande, sem nos autorizar, contudo, a reconhecer nesse terreno nacional uma especificidade local, fruto de uma uniformização regionalizante.

Pretende-se demonstrar, neste capítulo, que esta "cultura religiosa errante" constitui-se a partir da lógica da transitividade da cultura no mundo contemporâneo, para a qual podemos dizer o mesmo que Lorenzo Mammi diz sobre a cultura brasileira, considerando-a "o espelho real da utopia multicultural que parece ter invadido o fim deste século":

> "uma superposição de signos que não gera síntese, mas sincretismo, deslizamento contínuo de formas e significados. A floresta de símbolos não se organiza em catedral viva, mas desenvolve uma vegetação sempre mais inextricável" (In: TASSINARI et al 1997:203).

---

4. Sobre esse princípio das "interpenetrações múltiplas", vide, especialmente, Segato (1997). Segundo Segato, esse princípio constitutivo da nação brasileira resulta num caso particular em que a nação se apresenta como um todo sincrético que, de modo diferente de uma síntese, apresenta as marcas de seus componentes, como culturas transitadas por todos. Mútuas e múltiplas contaminações de territórios de culturas concorrem para a não formação de síntese ou segregação, mas para a imbricação cultural. Nesse caso, o princípio que rege a sociabilidade brasileira é o deixar-se atravessar pelo outro e contê-lo dentro de si. A unidade da nação está dada, nesse sentido, pela interpenetração cultural dos elementos que nela convergem ou convergiram, através da representação simbólica da imbricação dialógica entre mundos culturais diferentes. Trata-se, nesse caso, de uma concepção não essencialista da identidade. A interpretação de Segato faz eco, desta forma, com a teoria do sincretismo brasileiro que vem sendo proposta por Sanchis (1994, 1995, 1997, 2001), para quem "as diferenças [no Brasil] são vividas sob forma de indecisões, de cruzamentos, de porosidade e pertença dupla, de contaminação mútua" (1997:37). Segundo Sanchis, este tipo peculiar de sincretismo, marca de uma história particular, funciona "não como sobrevivências, mas como tradição ativa e inconscientemente reinventada" (:38). Uma tradição brasileira, ou lógica cultural, feita de "articulação, nunca reduzida à unidade sistemática, de identidades plurais, porosas e relativamente fluidas" (:42, grifo nosso).

No caso de uma cultura religiosa errante, objeto específico da interpretação deste capítulo, trata-se de uma cultura que se constitui por meio de uma lógica que aponta para o deslocamento de diferenças híbridas – princípio universal que permite reconhecer uma prática religiosa ou espiritual pelo adjetivo Nova Era, mas que nos impede, por mais paradoxal que nos possa parecer à primeira vista, de reconhecer nessas práticas um padrão universalizante, seja uma uniformização regionalizante ou mesmo uma uniformização globalizante.

É com esse objetivo que serão destacadas, neste capítulo, observações relativas: a) à religiosidade de tipo caleidoscópica desenvolvida por essa cultura religiosa; b) ao caráter irreverente e performativo das "vivências" Nova Era, tomando como caso exemplar os seus rituais de cura; e c) à incorporação nessas "vivências" de alguns elementos retirados da tradição brasileira, a fim de colocar em questão a tese de uma possível "indigenização" dessa espiritualidade Nova Era. Como conclusão, tendo em vista as características apontadas nos dados etnográficos apresentados, algumas observações de caráter mais interpretativo serão oferecidas no sentido de tornar claro o argumento em discussão.

2. Uma Religiosidade Caleidoscópica

A errância espiritual da Nova Era atinge seu ponto máximo na cidade, pelos diversos serviços oferecidos pelos "centros holísticos" – um conjunto de espaços na cidade, cujas atividades em oferta fazem articular uma extensa e variada rede de serviços, passando pela espiritualidade, alimentação, medicina alternativa, artes, turismo e ecologia.

De fato, é precisamente esta justaposição de elementos que vem caracterizando a nova imaginação religiosa no meio urbano e no espaço de consumo de bens culturais, pelos quais os "buscadores citadinos" se apropriam de diferentes recursos simbólicos que possam se lhes apresentar como pessoalmente transformativos. A religião encontra-se, assim, misturada com as diferentes formas de "arte" secular para criar interessantes formas híbridas, quando grupos religiosos ou pessoas religiosas ou não, mas em sua busca espiritual, estão cada vez mais envolvidos com as inúmeras terapias holísticas e as diferentes produções da cultura popular de consumo, como filmes, livros, músicas, teatro, viagens e outras formas variadas de entretenimento, que lhes possam ajudar a alcançar fins, significados ou identidades religiosos. Nesse cenário, duas características de cunho espiritual-religioso se destacam e se articulam ao redor dos eventos – denominados "vivências", no Brasil, ou *workshops*, em países de língua inglesa – que são oferecidos pelos centros holísticos.

Em primeiro lugar, a atribuição de significados últimos e de valores à vida – portanto, de cunho religioso – vem se tornando com freqüência de foro pessoal e esses significados vêm sendo alcançados através de experiências emocionais e performáticas, as "vivências" ou *workshops*. Essa função se instala nas dimensões individuais, mas não são necessariamente privadas. Outros domínios públicos não oficiais, como os veículos da cultura popular de consumo, vêm se tornando especialmente importantes nessa nova paisagem religiosa urbana.

Em segundo lugar, novos surtos religiosos inesperados vêm colocando em intercessão as grandes narrativas religiosas com as pequenas narrativas, tanto aquelas de cunho individual como as provenientes de tradições religiosas desprovidas do estatuto das grandes religiões universais.

Assim, considerando apenas esses "centros holísticos" nas cidades brasileiras,[5] o "buscador citadino" poderá participar de uma variada e extensa programação, realizando, em sua caminhada pela cidade, cruzamentos inevitáveis de práticas religiosas, espirituais e terapêuticas a partir de uma visão holística do homem e da natureza. Impelidos pelo desejo de integração das dimensões corpo-mente-espírito, combinam estilos e usos terapêutico-espirituais provenientes de uma freqüência diversificada por espaços filosófico-espiritualistas, centros voltados para pesquisa e ensino de temas esotéricos e pontos de venda. Freqüentam principalmente os "centros holísticos", que não se restringem a uma atividade básica nem se

5. Apenas na cidade de São Paulo, o antropólogo José Guilherme Magnani (1999c) constatou a existência de aproximadamente 842 endereços, dando-lhes o nome de Centros Integrados.

prendem a concepções dogmáticas; não apresentam um corpo doutrinário fechado nem dispõem de rituais iniciáticos e centram suas atividades nas "vivências" que oferecem. Como ponto de confluência de elementos das mais diferentes tradições, Magnani assim os descreve:

> "esse conjunto passou a abrigar uma cada vez mais ampla gama de produtos, atividades e serviços que vão desde consultas a artes divinatórias, passando por terapias não convencionais e exercícios de inspiração oriental até vivências xamânicas, técnicas de meditação, cursos e *workshops* sobre crenças e princípios filosóficos de várias origens. Completa o quadro a disseminação do consumo de artigos correlatos como *compact discs New Age* e *world music*, livros de auto-ajuda, incensos, cristais, pêndulos, imagens de anjos e duendes, etc" (Magnani 1999b:37-38).

É importante ressaltar que, a partir das ofertas disponíveis, muitas outras podem ser oferecidas, por uma combinação entre elas que pode se estender *ad infinitum*, devido à possibilidade sempre presente de invenção de novas "vivências" a partir da combinação de cada uma delas com as outras e a incorporação nelas de outros elementos artísticos, míticos e rituais à disposição no mercado de consumo de bens religiosos e culturais.

2.1. A natureza dos encontros nos centros holísticos

Os centros holísticos apresentam-se como lugares privilegiados para prestar serviços e cumprir funções específicas e pontuais de acordo com as demandas, necessidades e escolhas individuais de pessoas que constróem um tipo de experiência religiosa errante. Por meio de uma dinâmica de "circuitos" e "trajetos",[6] dá-se a interpenetração dos diferentes campos espirituais e não espirituais entre si e com os diversos domínios da existência social, quando as atividades espirituais, religiosas e não religiosas se misturam muito, através de serviços que estão na cidade, em diferentes espaços. Trata-se, poder-se-ia dizer, de um mercado de bens simbólicos, pelo qual os centros holísticos cumprem um objetivo espiritual de natureza terapêutica, artística e lúdica.

Apesar do intenso trabalho terapêutico-espiritual para atingir a expansão da consciência e o desenvolvimento espiritual, esses "centros holísticos" esforçam-se para oferecer um local agradável, criando uma atmosfera que os aproxima mais de locais de lazer e centros culturais do que de clínicas médico-terapêuticas ou locais de culto religioso. Essa atmosfera de lazer e cultura acaba por fazer reunir um público relativamente constante, atraído por um estilo de vida semelhante e pela participação de "vivências" coletivas, sem formar, contudo, um tipo tradicional de comunidade ou culto religioso. Os laços que aí são estabelecidos podem ser melhor caracterizados como laços de sociabilidade. Eles são favorecidos pela atmosfera de lazer, troca de conhecimento e manutenção da informação, em um universo no qual as práticas difundem-se rapidamente e desencadeiam sempre novas práticas, através de uma dinâmica combinatória *ad infinitum*.

Portanto, ao mesmo tempo que essa atmosfera de lazer e cultura contribui para o encontro e formação de uma rede de conhecidos e amigos, contribui também para a pulverização da freqüência, nos diversos centros existentes, devido à variedade de eventos diferentes e originais que podem ser escolhidos no amplo leque de alternativas espalhadas pela cidade e, sem medo do exagero, pelo mundo, na medida em que a programação conta, inclusive, com um tipo de comunicação em dimensões globais, na forma de *networks* entre centros holísticos, *ashrams* e comunidades alternativas Nova Era, fora das fronteiras nacionais.

Assim sendo, os encontros entre essas pessoas nos centros holísticos não obedecem a uma sistematicidade, regularidade ou continuidade, porque o que se oferece nos diferentes eventos acaba no final de cada um deles, sem que as mesmas pessoas, necessariamente, retornem àquele "altar", para aquela vivência, *workshop*,

6. Segundo a terminologia empregada por Magnani: "faz parte do 'circuito' a totalidade dos estabelecimentos que concorrem para a oferta de determinado bem ou serviço" (1999a: 35). O conjunto de ofertas possibilitadas pelo "circuito" se transforma em uso real pelo "trajeto", isto é, "o usuário, ou um grupo homogêneo deles, circula, vai de um ponto ou equipamento a outro, dentro de uma 'mancha' ou no interior de um 'circuito'" (:36).

happenning ou palestra.

Trata-se, portanto, de um fenômeno heterogêneo.

2.2. Os freqüentadores

Essa heterogeneidade estende-se para o perfil de seus freqüentadores, os quais apresentam diferentes graus de forma de adesão, elaboração e sofisticação na fundamentação das práticas que experimentam. Todavia, esses freqüentadores não se reduzem a "consumidores indiferenciados e crédulos" ou "consumidores ocasionais", mas o fenômeno atrai também "participantes mais sofisticados" para os quais se dirigem formulações altamente elaboradas, destinadas a um público exigente e bem informado, erudito e participativo, em correspondência com o padrão econômico, social e cultural das classes média e alta, para manter o consumo de itens caros e sofisticados (Magnani 1999b).

Assim, façamos algumas observações sobre os consumidores de bens e serviços oferecidos por esses centros holísticos a partir de dados retirados principalmente dos trabalhos de Paulo Henrique Martins, em Recife (PE),[7] e de Magnani, em São Paulo (SP).

Os dados coletados por Martins nos permitem observar a expansão desse tipo de consumo no seio da classe média,[8] durante as décadas de 80-90. Segundo os dados oferecidos por esse autor, 72,4% dos entrevistados possuíam o 3º grau completo.

7. Os dados referentes à pesquisa de Martins foram coletados durante a realização do I Curso de Holismo da UFPE, em Recife, no ano de 1997, quando foram realizadas 29 entrevistas entre os freqüentadores do curso. Essas informações, apesar de serem locais e resultado de uma pesquisa exploratória, podem nos dar uma idéia, à guisa de ilustração, do perfil desses freqüentadores, mesmo porque, no momento, carecemos, no Brasil, de pesquisas quantitativas de maior porte sobre o tema em questão.

8. Apesar de não possuir dados estatísticos referentes à Inglaterra, pude observar, quando realizei minhas pesquisas de campo, participando de festivais, em Londres e Manchester, e de "vivências", em Lancaster e Glastonbury, na Inglaterra, e em Findhorn, na Escócia, que é no seio da classe média que a espiritualidade Nova Era ali também se expande.

QUADRO 1 - Nível de Escolaridade

	nº de respostas	Percentual
2º grau completo	02	6,9%
superior incompleto	04	13,8%
superior completo	21	72,4%
mestrado	01	3,4%
doutorado	01	3,4%
TOTAL	29	100%

Fonte: Martins (1999:90)

Dentre esses participantes, a maioria se declara "católica", isto é, 41% dos entrevistados. Esse percentual adicionado apenas ao daqueles que se declaram "espíritas kardecistas" atinge 58,68%. Contudo, é também significativo ressaltar o percentual de 24,1% atingido por aqueles que se consideram "sem religião". Quanto à variante profissão, destaca-se a presença de profissionais liberais entre os principais consumidores tais como: estudante universitário, psicólogo, terapeuta holístico, educador/professor, biólogo, enfermeira, bibliotecária, empresária, socióloga, engenheiro, arquiteta, artista plástica, filósofa, assistente social, secretária, pesquisador de imagens. Entre esses, contam com maior percentual: estudante universitário (17,2%), psicólogo (17,2%), educador/professor (13,8%) e bibliotecária (6,9%).

Para os propósitos de nossa discussão, vale a pena apresentar os dados de Martins relativos ao item "motivo da escolha por terapias alternativas", quando, então, pode-se perceber a importância dos aspectos existenciais, espirituais e emocionais, os quais atingem respectivamente os seguintes percentuais: existenciais (27,6%), espirituais (21,2%) e psicológicos (19,1%). A questão das doenças orgânicas, embora relevante (12,7%), permanece secundária em relação aos aspectos anteriores.

Quanto aos diferentes graus de forma de adesão, elaboração e sofisticação na fundamentação das práticas que experimentam, recorro à tipologia apresentada por Magnani, a partir de sua pesquisa na cidade de São Paulo, para colocar em destaque o "tipo participativo" que, segundo minha opinião é, além do alvo principal e privilegiado dos centros holísticos, o tipo do qual provêm, atualmente, os principais criadores e facilitadores das "vivências" Nova Era com sua religiosidade caleidoscópica.

QUADRO 2

Tipos de freqüentadores de acordo com distintos graus de comprometimento

TIPO ERUDITO	TIPO PARTICIPATIVO	TIPO OCASIONAL
Constituído por profissionais que oferecem seus serviços na forma de "facilitadores" ou "focalizadores" de vivências, apresentando mais conhecimento e informações sobre o tema de sua especialidade. Destaca-se também nesta categoria o estudioso ou pesquisador autodidata que, por algum motivo de ordem pessoal, aprofunda-se em algum tema. As escolhas são restritas e pouco afeitas a combinações mais heterodoxas, atendo-se de preferência à referência de uma só matriz religiosa, filosófica ou terapêutica ou, quando se realiza combinações, tende-se a construir um todo coerente.	Freqüentador típico e consumidor por excelência dos produtos e eventos em oferta neste universo. Suas escolhas e combinações são feitas a partir de um certo conhecimento e de informações que procura obter dos temas e códigos que orientam as ofertas no interior desse universo heterogêneo de práticas. Diferentemente do "erudito", a tendência, neste caso, é não pautar sua visão de mundo e comportamento por um só dos campos religiosos, terapêuticos e filosóficos em oferta, transitando mais livremente entre eles. Não apresenta, portanto, uma lealdade exclusiva a algum tema ou campo particular; ao contrário, experimenta sem traumas atividades e práticas provenientes de diferentes sistemas religiosos, terapêuticos e filosóficos.	Constituído por freqüentadores que participam dos eventos oferecidos no universo em questão de forma não sistemática e são mais atraídos pelos apelos de *marketing* do que pelo conhecimento ou manejo dos códigos disponíveis.

Fonte: Magnani (1999b)

O "tipo participativo", segundo Magnani, é aquele que se apresenta como o alvo principal e privilegiado das palestras, cursos e "vivências" oferecidos nos centros holísticos. Mas eu acrescentaria que é dessa categoria de freqüentadores que têm surgido, também, muitos dos atuais "facilitadores" e "focalizadores" de "vivências" Nova Era, os quais não ficam reduzidos apenas aos do primeiro tipo, devido, inclusive, ao estilo Nova Era de criar uma profusão de ritos ou performances por meio de combinações heterodoxas e a partir de diferentes materiais retirados de contextos simbólicos contrastantes. Dentre eles, destacam-se artistas, escritores, terapeutas, professores, sociólogos, antropólogos ou psicólogos que, além de freqüentarem as diferentes palestras, cursos e "vivências" oferecidos pelo primeiro tipo, podem acumular um "capital espiritual-terapêutico" viajando também pelo vasto território brasileiro e/ou por vários continentes do globo e articular as experiências assim adquiridas de forma particular e pessoal para criar combinações sempre novas a partir de elementos pinçados das diferentes tradições visitadas e incorporá-los, por sua vez, às hipóteses científicas relacionadas à física quântica, à psicologia e à antropologia, por exemplo. Com tal flexibilidade combinatória, eles são capazes de inventar um *pout-pourri* espiritual – uma experimentação simultânea de estilos artísticos, espirituais e terapêuticos que não são, no entanto, simultâneos quer no espaço ou no tempo. Aliás, o que vem dando legitimidade a essa prática combinatória é justamente essa capacidade dos "facilitadores" de evocar, nas "vivências" que oferecem, quer por simulação ou representação, o que se considera as "forças criadoras" provenientes de outros tempos, outros lugares e outras culturas, isto é, de promover a transitividade dessas "forças".[9]

9. Segundo essa concepção, uma participante da feira *Mind Body and Spirit* de Londres, em 1995, nos diz sobre suas "vivências" (ou *workshops*, em inglês): "Eles são arte (*crafts*). Todos eles são arte (*crafts*), porque dependem de um ofício que exige habilidade, delicadeza e finura de sentimentos e idéias... por isso são fortes... eu acho... Para mim, o valor de todos eles é esta sutileza, por causa da penetração do espírito neles. (...) O espírito pode ser absorvido de muitas maneiras e em muitos lugares e eles [os *crafts*] trazem, então, o espírito que vem de outros lugares, de outras pessoas, de outros planos para o nosso aprimoramento espiritual" (citado em Amaral 2000:141). Apesar de ter traduzido *craft* por arte, considero que a palavra latina *ars*, por englobar tanto a idéia de arte quanto de técnica, é a mais adequada para traduzir o sentido de *craft* aqui empregado. Mike Robinson, no editorial da programação da exibição de Manchester, em 1994, diz: "O espírito não pertence a nenhuma crença particular, religião ou política, a menos que nós desejemos ligá-lo a isto" (Amaral 2000:141).

Com a estilização daí decorrente, consegue-se expressar, simbolicamente, pelas "vivências" oferecidas, uma intenção que considero propriamente Nova Era: a possibilidade de improvisar novas "vivências" ou *workshops* a partir de forças criadoras originais que são apropriadas por esses freqüentadores em um circuito transcultural.

A arbitrariedade do processo das "vivências" Nova Era provém desse fato, de sua organização ser, em cada "vivência", proposta por seu facilitador. Essa proposta, por sua vez, se constitui como uma combinação também arbitrária, segundo a formação do facilitador e sua circulação por entre as tradições visitadas. Os elementos rituais que irão constituir tal combinação e cujo processo é simplificado pelo facilitador tornam-se, muitas vezes, conhecidos pelos participantes apenas no momento da "vivência". Eles são absorvidos como *ready made*, no sentido de já existirem em algum contexto cultural dado, do qual são deslocados para se reapresentarem transformados em outro contexto de significação, com a diferença, nesse caso, de não se exigir dos participantes um conhecimento prévio. Transformados em técnicas, os elementos rituais assim absorvidos podem ser experimentados como externos aos participantes e manipulados em cada "vivência", segundo uma profusão combinatória (de diferenças sempre híbridas).

É essa facilidade para incorporar e combinar estilos muitas vezes heterodoxos que denomino "religiosidade caleidoscópica". Ela se faz pela flexibilidade plástica das performances, que são as "vivências", sugerindo que o "pleno potencial" de

---

Em sintonia com esse "espírito", fazem eco as palavras de uma teóloga católica brasileira no Encontro para a Nova Consciência, em Campina Grande, na Paraíba, em 1997: "Pode-se aprender com qualquer pessoa em qualquer momento. O primeiro valor para isto – diz – é a perspectiva da inclusão em contraposição ao dualismo. A realidade não é isso ou aquilo, mas a realidade é mais isso e mais aquilo (...). O segundo valor é a totalidade complexa, na qual tudo pode ser e, portanto, a abertura deve ser a atitude básica que nos coloca sempre em situação de aprendiz" (Amaral 2000:200). Nesse mesmo encontro de Campina Grande, o Pastor presbiteriano Nehemias Marien, também brasileiro, define o "espírito" de uma "nova consciência": "é um sincretismo holista, mas que não é uma fusão de credos, nem proselitismo, nem conversão de ninguém, nem regresso a Istambul etc. Cada movimento preserva a sua identidade com muitas impressões digitais. (...) Na minha paróquia, a mesa da Eucaristia é a porta principal. Para ela todos são convidados, sem exigência de serem batizados ou pertencerem a uma Igreja" (Amaral 2000:190-191).

vida e criação, disponível no mundo e por entre as culturas, é capaz de ser mobilizado para a transformação pessoal e espiritual desses buscadores citadinos, na medida em que ele não se encontra mais fechado em cada tribo, sociedade ou grupo social, ou mesmo em cada língua, linguagem, estilo artístico ou religião.

Está-se propondo, então, uma religião que seja universal?

Não, porque se se pode falar de uma universalidade dessa cultura religiosa não é no sentido de um universal ou síntese única, para sugerir a constituição de uma religião global ou mundial, nem mesmo de uma metanarrativa Nova Era ou uma "língua franca". No caso aqui tratado, significa, apenas, a possibilidade de oferecer diferentes instrumentos de aprimoramento espiritual, possíveis de aplicação em qualquer indivíduo e em todas circunstâncias da existência, graças à quebra das ortodoxias em seus códigos sociais originais.

Assim, com o termo religiosidade caleidoscópica está-se referindo não apenas às práticas de participantes individuais – daqueles que promovem uma viagem sem pouso fixo ou definido por entre as diferentes ofertas religiosas ou terapêutica-espirituais, realizando suas próprias combinações e sínteses individuais – mas, principalmente, à própria dinâmica de constituição das experiências em oferta: o deslocamento de diferenças híbridas, em constante combinação, cuja originalidade é a própria radicalidade da errância.

Se levarmos em conta o complexo campo combinatório permitido por essa irreverência espiritual, observaremos que as performances Nova Era (isto é, suas "vivências", encontros, *workshops*, cerimônias e *happenings*) apresentam-se como um campo em constante reinvenção. No girar do caleidoscópio, as convenções de uma dada tradição misturam-se com as de outra de acordo: (1) com os elementos rituais disponíveis em um dado momento; (2) com a formação do oficiante ou "facilitador", sua criatividade e diversas iniciações no mundo religioso e esotérico; e (3) com a incorporação, no momento da interação, dos recursos interpretativos dos participantes, provenientes dos diferentes campos de discurso disponíveis na sociedade. As "vivências", encontros, *workshops*, cerimônias ou *happenings* vão surgindo, assim, em profusão, a partir dos "restos culturais" deixados pela civilização humana, guardando a "aura" da tradição, mas sob a expectativa da novidade e a perspectiva da transformação pessoal.

3. A Irreverência das "Vivências" Nova Era

Quanto à natureza das "vivências" Nova Era, pode-se dizer que elas tendem a ser mágicas, terapêuticas e artísticas, além de espirituais. No entanto, uma classificação nítida, utilizando-se desses critérios, torna-se difícil, se não impossível, na medida em que o estilo Nova Era de ritualizar permite um contágio semântico entre essas diferentes categorias. Além de objetivos de natureza diversa, é comum a combinação e articulação desses vários tipos de rituais nas performances que constituem uma mesma "vivência".

Essas "vivências-performances" constituem-se de um amálgama de palavras e gestos performados realisticamente, pelo uso de múltiplos meios: sensorial, gráfico, gestual, olfativo, tátil, verbal, auditivo e gustativo. No caso das "vivências" Nova Era, destacam-se, por exemplo, os seguintes elementos rituais, que podem se apresentar tanto por meio de diferentes combinações entre si para formar uma vivência específica, quanto constituir por si mesmos uma vivência: técnicas de respiração, uso de alucinógenos como a *ayahuasca*, músicas evocativas, cantos monótonos, toques de tambores, repetição de palavras e expressões que carregam afirmações positivas, trabalhos com água, lama, cores, florais, chamas, cristais, aromas, ervas e alimentação natural, toques corporais, massagens espirituais e xamânicas, jogos milenares como o *Maha'Lila*, de origem indiana, ou jogos de inspiração psicoterapêutica como o "Jogo da Transformação", criação artística como forma terapêutica espiritual, exercícios de sobrecarga sensorial que levam ao riso, choro, gritos ou a estados alterados de consciência, técnicas de relaxamento, isolamento, concentração e meditação, como *T'ai chi ch'uan* e as diversas variantes dos exercícios de inspiração budista, hinduísta e taoísta, além das contribuições xamânicas dos índios americanos e, atualmente, dos índios brasileiros.

3.1. Uma espiritualidade terapêutica

Nas orientações, práticas e "vivências" do tipo Nova Era, a ênfase vem caindo, a partir da segunda metade da década de 80, na dimensão mais propriamente terapêutica[10] e no envolvimento destas terapias no sentido do aperfeiçoamento pessoal, delineando o que Fátima Tavares reconhece como uma "espiritualidade terapêutica" (Tavares 1999).

Lembre-se, também, que na pesquisa de Martins, citada acima, já se observava que a procura por essas terapias dá-se mais por motivos existenciais e espirituais do que por motivos propriamente orgânicos. Por sua vez, deve-se destacar que "curar", nesse horizonte referencial, associa-se à idéia de "purificação", ou melhor, de

10. Para uma listagem mais completa e atualizada dos tratamentos oferecidos, a partir de uma rede terapêutica alternativa, no Rio de Janeiro, vide, especialmente, a tese de doutorado de Fátima Regina Gomes Tavares. Tavares apresenta 199 modalidades de terapias alternativas, contra 31 terapias convencionais, classificadas de acordo com as seguintes categorias: Racionalidades Médicas Alternativas (3), na qual se enquadra, por exemplo, a Homeopatia; Terapias Corporais (5); Técnicas de Tratamento e/ou Diagnóstico (118), subdividida em 17 subtópicos (acupuntura, alimentação natural, astrologia, *chakras*, cristais, cores, efeito kirlian, florais, iridologia, massagem, pêndulo, psicoterapia, *shiatsu*, respiração, vidas passadas, visualização, yoga e outros); Massagem (18); Práticas e Vivências (55), subdividida em 13 subtópicos (alimentação, artes, artes marciais, conscientização corporal, danças, maternidade, postura, psicoprodução, relaxamento, respiração, yoga e outros); e Estética (5) (Tavares 1998, p. 279-286). Essa programação de ofertas não diverge substancialmente da britânica, por exemplo, cujas atividades de cura mais populares entre o público *new ager* são, em ordem de preferência: Aromaterapia, Massagem, Visualização Criativa, Cristais, Homeopatia, Vegetarianismo, Florais, *Healing Workshops* com a incorporação de várias dessas atividades, *Tai Chi*, Yoga e Reflexologia (fonte: *Survey of New Age Ideas*, realizado por Stuart Rose, Lancaster University – Department of Religious Studies). A estimativa é a de que 1/3 da população britânica fez uso de terapias alternativas, no período entre 1984 e 1987 (Coward 1989). Para uma comparação com a preferência dos brasileiros, levando-se em conta a pesquisa exploratória realizada por Martins, em Recife, tem-se também por ordem de preferência: meditação, florais e homeopatia, biodança e reflexologia, acupuntura, massagem chinesa, arteterapia e cromoterapia, cristalterapia, iridologia, massagem reichiana e massagem indiana, aromaterapia, projeciologia e radiestesia. Considerando os dados coletados por Martins, que apontam para a evolução das novas terapias a partir dos anos 90, observa-se que o percentual daqueles que iniciaram o uso desse tipo de terapia no período de 1990-97 chegou a 51,6%; sendo que 24% dos entrevistados começaram a se interessar por ele apenas nos dois últimos anos desse mesmo período. 10,3% declararam vivenciar essas terapias em torno de 10 a 15 anos, e uma parcela menos significativa de 6,9% há mais de 20 anos. Ao todo, considerando o período de 1982-97, o percentual de entrevistados envolvidos com essas terapias atinge 74,7% (Martins 1999:90).

transformação permanente, e não à noção de "castigo decorrente de uma má conduta de vida anterior" (Tavares 1999:121).

Ao contrário das práticas terapêuticas, especificamente religiosas, que se encontram explicitamente referenciadas a um determinado universo religioso (católico, pentecostal, neopetencostal, kardecista ou umbandista, por exemplo) a lhes fornecer a fonte explicativa principal, na "espiritualidade terapêutica" Nova Era: (a) a dimensão religiosa não comparece da mesma forma, porque (b) não se remete necessariamente a uma única cosmologia religiosa como fonte última (Tavares 1999).

Além do mais, apesar da existência de categorias básicas como "holismo", "energia" e "vibração" que promovem a articulação de sentido no discurso dos terapeutas, deve-se ressaltar, como observa Tavares, a fluidez discursiva dessas noções, dada a variedade de possibilidades de explicações que podem ser oferecidas na dimensão prática das diferentes "vivências". Essas categorias apresentam-se preferencialmente na forma de um referencial-horizonte, aberto a diferentes apropriações e variadas re-significações, sem constituir ou remeter, necessariamente, a uma cosmologia sistematizada ou a uma doutrina.

"Vivência" é, assim, o termo mais difundido para designar essas experiências terapêutico-espirituais no universo Nova Era. São instrumentos disponibilizados às pessoas, ou a grupos de pessoas, com o objetivo, menos de oferecer mensagens ou códigos doutrinários aplicáveis à transformação de suas vidas, do que o de favorecer-lhes, performaticamente, um tipo de provocação emocional que possa promover nelas a liberação do "pleno potencial de vida" ou o "desejo de transformação permanente".

3.2. A hegemonia do modelo xamânico

Popularizam-se, para atingir esses fins, as técnicas de "visualização criativa" ou "viagens xamânicas", articulando-se com técnicas vibracionais, fazendo com que a espiritualidade terapêutica Nova Era passe por entre os modelos harmonial e xamânico.

"Curar" siginifica, então, segundo o modelo harmonial ou vibracional, harmonizar as energias do corpo de maneira que elas ressoem com as mais amplas forças e leis da natureza. As técnicas de cura se constituem, nesse caso, de manipulações, isto é, de intervenções do "curador", através de um trabalho sutil, no nível físico energético, com a finalidade de remover obstruções que impedem a operação da "lei harmonial", cujas referências básicas são a "teoria do fluido invisível" de Anton Mesmer e a "doutrina da correspondência" de Swedenborg. Os corpos devem vibrar para renovar as forças naturais de acordo com as leis cósmicas e, se necessário, uma intervenção ativa ocorre para tornar a "natureza mais natural", porque a harmonia deve ser ajudada. Entre alguns exemplos dessa medicina vibracional tem-se o *reiki*, o *cristal healing* e o uso de remédios vibracionais, como os florais.

Em afinidade com esse modelo harmonial, curar significa transformar-se, levando a pessoa a reencontrar-se com a totalidade entendida como junção, como ligação, no sentido literal e material da palavra: a ligação do espírito à matéria e da mente à substância física.

Todavia, no universo das práticas Nova Era, o modelo harmonial não reina absoluto, vindo a se articular com ele o modelo que denomino xamânico, o qual, ao invés de manipulações, baseia-se principalmente em "visualizações criativas".[11]

"Curar", nesse caso, significa "viajar" para o reino da não matéria (da não-coisa). Pela visualização criativa, o xamã, seja o próprio paciente ou o curador, procura penetrar o mais profundamente na matéria (o interior de seu corpo), a ponto de sentir-se naquele reino no qual a natureza não se mostra mais como blocos básicos de construção isolados – isto é, de objetos sólidos, fixos e acabados em si mesmos – mas como ondas de energia ou ondas de possibilidades; um mundo constituído de partículas elementares que não são outra coisa que tendências a existir, isto é, interações provisórias e incessantes entre campos imateriais. Esse substrato

11. Técnica para ajudar o indivíduo a encontrar os recursos necessários para consumar aquilo que deseja, pelo uso positivo do poder mental, da imaginação e do desejo para produzir mudanças. Considera-se que, por meio desse processo introspectivo, é possível encontrar ajuda para estabelecer uma harmonia que facilita sincronicidades casuais. A visualização torna-se mais efetiva quando praticada pelo relaxamento ou em estado alterado de consciência. O princípio básico é: energia positiva atrai mais energia positiva. Para esse fim, evoca-se, então, a ajuda do Divino (de qualquer crença ou religião), de um guia espiritual, anjo ou animal guardião (Amaral 2000:225).

não material – ou fundamental sem fundamento, retirado da metáfora quântica – é interpretado pela ótica Nova Era como "idéia pura" ou "energia primal".

A meditação vai ganhando, assim, uma posição de destaque entre as técnicas Nova Era de cura. Relativiza-se, dessa forma, a idéia de um mundo sólido ou mesmo de relações fluidas e substanciais do primeiro modelo para ressaltar a idéia de processo, isto é, de um mundo completamente mutável e em expansão. A medicina vibracional não é desprezada, mas a "mente e a imaginação vêm assumindo hoje uma hegemonia sobre a vida harmonial da matéria" (Albanese 1992:77).

O modelo xamânico parece sugerir, assim, uma visão Nova Era de cura como um processo de transformação constante que pode ter efeitos no indivíduo e no ambiente mais amplo. Em afinidade com o modelo xamânico, curar significa, portanto, transformar-se, no sentido do reencontro da pessoa com a totalidade entendida como abertura, vastidão ou passagem, enfatizando mais o sentido de comunicação incessante e ilimitada do que o sentido de relações reificadas ou substancializadas.

3.3. A correspondência desse significado de cura com a noção de "presente" como a representação do essencial do tempo: as "vivências" como performances

Em correspondência com esse significado de cura, a escolha do termo "vivência" se faz numa clara alusão à presentificação da experiência como representação do essencial do tempo.

O objetivo das "vivências" é oferecer uma oportunidade ritual para o participante assumir o controle do passado em função do presente, não apenas do presente atualmente vivido, mas a favor da "dinâmica do presente", isto é, do livre e constante tornar-se do "pleno potencial". Nem passado – manutenção cristalizada de uma identidade do ser –, nem futuro – conclusão definitiva da identidade do ser –, nem presente – entendido como a estagnação de uma identidade do ser –, mas dinâmica do presente, apontando para uma realidade do constante "tornar-se".

O "espírito" não é visto, por essa perspectiva, como uma totalidade realizada em um espaço ou tempo determinado, para ser descoberto nas origens ou reencontrado em um futuro por vir, mas como o "pleno potencial de vida".

Com essa idéia de tempo, como o "tempo da vivência", e de sagrado, como "pleno potencial", afirma-se uma noção de dispersão do espírito e, em conseqüência, de "unidade" como "totalidade virtual", contrária a qualquer tipo de "identidade fechada", coletiva ou individual.

Com isto, já se pode sugerir a compreensão dessas "vivências" mais como "performances" do que como "rituais" propriamente ditos.

3.4. "Vivências" como performances

Ao contrário dos rituais "estrito senso", elas acontecem como encenações sem um texto dado ou uma única cosmologia; sem um corpo *a priori*, unitário e coerente de idéias substantivas e sistemáticas apresentadas simbolicamente para serem realisticamente experimentadas e incorporadas por todos os participantes do ritual, através de estratégias e efeitos multisensoriais e padronizados.[12]

O que é interessante notar nessas "vivências-performances" é que a eficácia de cura não provém da construção de uma "nova *persona*", que se transformaria porque passaria a entender seu estado de sofrimento e dor a partir da absorção de um sistema ideológico ou doutrinário, de ensinamentos altruístas ou mensagens modelares, que confeririam ao sofrimento e à dor um sentido (seja de castigo ou redenção) ou lhe permitiriam perceber no sofrimento e na dor um sentido que "já está lá", como uma presença justificadora ou explicativa de seus atos.

Ao contrário, a eficácia dessas "vivências-performances" provém de seu poder de "desconstrução", isto é, ao invés de mensagens, oferecem a experiência do *playing*, como definido por Schechner (1993:23-44): uma atividade volátil criativa-destrutiva; uma ação criativa desestabilizante, cujo princípio geral é a introdução intencional de um desequilíbrio no interior de sistemas aparentemente estáveis. É essa experiência do *playing* que provoca nos próprios participantes um estranhamento do mundo socialmente codificado e de si mesmos como personalidades socialmente codificadas. É essa experiência que lhes demanda sair do "casulo"

12. Sobre o conceito de ritual no estrito senso, vide, especialmente, Tambiah (1968, 1985).

seguro de identidades fortemente demarcadas e "arriscar-se", nas e pelas emoções e relações desencadeadas pela vivência, a criar um espaço vazio de si.

Observa-se, a partir dessa perspectiva perante a cura, um conjunto de técnicas que colocam os participantes das vivências frente a frente com a necessidade de correr riscos e de se entregar sem medo à experiência, a fim de "provocar o colapso e zerar a própria vida".[13]

Os participantes, nesse caso, devem perceber a si mesmos segundo o modelo xamânico – não como personalidades ou seres fixos e acabados em si mesmos ou segundo sua inserção social, mas como ondas de energia ou ondas de possibilidades. Eles devem experimentar a si mesmos como tendências a existir, o que é entendido, nesse contexto das "vivências" Nova Era, como energia primal ou espiritual – isto é, a condição para uma mudança interna e contínua.

"Espiritual" ou "primal", no contexto performativo das "vivências", não significa, simplesmente, a crença na existência de uma realidade natural e substantiva da vida – na forma, por exemplo, de instintos ou emoções não reprimidas – que pode ser apreendida desde que a descubra dos ornamentos ideológicos, científicos ou religiosos. Descobrir-se desses ornamentos para atingir um plano "primal" ou "espiritual" parece estar mais em correspondência com o desejo de se colocar no "ir e vir" de um movimento que se repete incessantemente e que não está ligado a uma idéia ou finalidade última, mas ao automovimento como característica básica do que está vivo.[14]

13. Expressão utilizada por Maria Beatriz Camargo, psicoterapeuta que está introduzindo no Brasil a "terapia do colapso", criada por John Demartinio, médico quiropata americano. Usando metáforas retiradas da física quântica, Maria Beatriz Camargo assim se expressa: "Na física quântica, quando os prótons e elétrons se equilibram acontece o colapso, o ponto zero da energia, que também significa em linguagem simbólica o lugar onde tudo se originou" (Revista Planeta – Meditação, nº 8, p. 29-30).

14. Gadamer, na sua tentativa de conceituar "jogo" como uma função elementar da vida do homem e referindo-se à formulação de Aristóteles sobre automovimento, diz: "O que é vivo tem o impulso do movimento em si mesmo, é automovimento. O jogo parece então como um automover-se, porque seu movimento não pretende fins nem objetivos, mas o movimento como movimento, que quer dizer um fenômeno de redundância, de auto-representação do estar-vivo" (Gadamer 1985:38).

A "vivência" é, nesse caso, uma ordenação performática que chama os participantes para a verdade desse automovimento. Ser "espiritual" ou "primal" é a qualidade desse "tornar-se continuamente", o que requer dos participantes: (a) o conhecimento das próprias potencialidades metaforicamente relacionadas, segundo o modelo xamânico, ao seu "poder animal"; e (b) a correção de seus distúrbios internos.

A "vivência" é, assim, uma situação que provoca a imaginação dos participantes para uma mudança interna que, como observa Otávio Velho ao se referir à gnose, constitui o espaço do "imaginal" – intermediário entre a estrita imanência e a transcendência (Velho 1998).

Variedades à parte, as "vivências" vão proporcionando, na seqüência dos jogos propostos, a dissolução, a morte, o aniquilamento do *ego*, cujo clímax é alcançado quando se descobre "que você não é você", por identificação com um outro que não o *ego* – isto é, com uma natureza ainda não definida pelos códigos da cultura e da sociedade. Isso se dá porque o ponto alto da grande maioria das "vivências" de cura consiste em criar uma situação de exposição da fragilidade, suscetibilidade e vulnerabilidade de cada uma das pessoas envolvidas, numa relação face-a-face e de suporte mútuo. Compartilha-se, intensamente, o sofrimento e a dor de cada um, quando todas as identidades se encontram abaladas, relativizadas ou minimizadas; quando a exposição do sofrimento desfaz a excessiva confiança na pessoa individual e a faz sentir um "traço", fora de todas as categorias, para sentir e ser sentida no excesso do encontro com a "face" do outro como imperativo.[15]

O encontro não se dá, portanto, pela afirmação da capacidade, identidade ou poder de cada um dos participantes sobre os demais, nem pela exigência de respostas em termos de idéias, significados ou códigos compartilhados. Não são suas convicções, julgamentos ou doutrinas que demandam respostas, mas sua fragilidade desarmada, a suscetibilidade e a mortalidade de cada um deles ao se expor à perda e ao sacrifício. Fora a dor, vivida ao ponto da fadiga e da exaustão, as pessoas não compartilham nada em comum. Apenas a "compaixão" permite a cada uma delas participar do sofrimento da outra.

---

15. Utilizo-me aqui da noção de "face", conforme sugerida por Levinas (1995).

É o confronto com a dor que se apresenta, nesse caso, como a experiência capaz de oferecer aos participantes uma curvatura ao progresso ininterrupto em uma mesma direção. A performance do sofrimento é a via pela qual se experimenta uma epistemologia da impermanência e da imperfeição, fazendo justiça àquela concepção do presente como a representação do essencial do tempo.[16]

Por isso, ao invés de um sentido teleológico para o sofrimento, a partir do qual o mergulho no abismo teria a função de apontar para um caminho ou fases nesse caminho (isto é, sofrimento justificado pelo desfecho final ou sofrimento como um momento a ser superado ou eliminado), as performances Nova Era do sofrimento e da dor insistem em apontar para uma "experiência moral dos limites".

Nas palavras do escritor *new ager* Ricardo Peter, as experiências de risco levam as pessoas a "alterar a perspectiva":

> "alterar a perspectiva, no nosso caso, nos leva a elaborar, como contrapartida, uma reflexão sobre o homem a partir daquilo que o nosso sistema mental mais teme: abraçar o limite. O processo de tornar o limite algo familiar ao sistema mental não tem nada de antinatural. Aliás, nada é mais natural do que o limite. A referência ao limite é a condição de flexibilidade do sistema e, conseqüentemente, das suas reações emocionais e comportamentais em relação a nós mesmos, aos outros e à vida em geral. A perspectiva do limite introduz no sistema mental um constante exercício de adaptação à realidade e, portanto, à mudança. Melhora por isso a qualidade da mudança". E mais à frente completa: "Precisamos do anjo da fragilidade" (Revista Planeta, edição 319, ano 27, nº 4, abril de 1999, p. 60).

Enfim, se nessas "vivências" pode-se observar a existência de uma estrutura formal mais ou menos geral – constituída de práticas corporais, ensino e prática

16. Por isso, tendo a enfatizar que não existe um efeito redentor nos rituais Nova Era, tema que discuto mais pormenorizadamente em "O Comando da felicidade: sobre a dimensão trágica dos rituais de cura Nova Era", *paper* apresentado na Reunião da ANPOCS de 2001 e no Congresso Internacional do CESNUR - INFORM, na London School of Economics, em 2001 (sítio: www.cesnur.org).

de técnicas de cura e ritos estilizados, tomados de empréstimos a diferentes culturas, assim como práticas específicas para obtenção de estados alterados de consciência –, não se pode dizer o mesmo sobre a natureza da mensagem, porque não há mensagem a ser incorporada ao final da performance. O que essas "vivências" se esforçam para fazer aflorar é a constante tensão entre negatividade e positividade da vida e não verdades reveladas; o abandono e a liberdade para a mudança, sem pedidos ou promessas, quando, então, a performance substitui o culto e o *ambulare* substitui o *rogare* e o *orare*. A busca de cura substitui o pedido ou a promessa de salvação pelo princípio gnóstico que associa conhecimento e transformação – o processo contínuo de colocar-se em movimento e a idéia de que tudo está para ser configurado.

3.5. A metáfora xamânica

Com a métafora e o uso de símbolos xamânicos nessas "vivências", tomados de empréstimo das culturas indígenas, das civilizações e povos pré-históricos que praticam o xamanismo, busca-se chamar a atenção para o princípio fundamental de cura Nova Era: o restabelecimento do contato íntimo dos homens, à moda xamânica, com as forças sagradas do mundo; contato que pode ser realizado por todas as pessoas, indiscriminadamente, desde que, para isso, elas se coloquem disponíveis, pois, para tal empresa, não se requer qualquer sistematização dogmática ou institucionalizada de conhecimentos, herdados ou transmissíveis, via Igreja ou religião. Trata-se, em primeiro lugar, de uma experiência individual, pela qual busca-se alcançar um estado alterado de consciência que possibilite visões, por meio das quais os espíritos ou forças sagradas – geralmente de animais, seres da natureza ou mesmo de anjos e espíritos guardiões, seja qual for a crença dos participantes dessas "vivências" – conferem um poder sobrenatural diretamente à pessoa do vidente. Chama a atenção do público Nova Era o fato de os xamãs terem um acesso mais íntimo a essas forças sobrenaturais, cujo poder é adquirido através de experiência mística e de suas habilidades pessoais de realizarem ritos e inventarem truques mágicos ao invés de derivá-lo de uma posição herdada ou de um corpo codificado e padronizado de conhecimento ritual.

Todavia, não se trata aqui de uma variante do xamanismo tal como este tem sido estudado por antropólogos, no contexto simbólico e sociológico de cada grupo estudado e em relação com a cosmologia e o conjunto de relações sociais de onde se manifesta. No meio Nova Era, a metáfora xamânica é que é considerada e, como tal, é operativa. O xamanismo das sociedades indígenas é usado como metáfora para falar, através da vivência, sobre a existência e a possibilidade de movimentar-se entre dois mundos simultaneamente: o mundo físico – o mundo da cultura, da sociedade ou da tribo – e o mundo espiritual – o mundo dos espíritos ou dos ancestrais, acima ou abaixo do mundo físico, que, no universo Nova Era, representa metaforicamente o vôo da consciência para além dos limites de uma única civilização, cultura e ou sociedade.

A ligação metafórica pode ser compreendida deste modo: a consciência, assim como os espíritos para os povos primitivos, voa. A consciência voa para o mundo selvagem da mente, ainda não totalmente domesticada pela sociedade, assim como os espíritos, nas sociedades primitivas, voam para o mundo dos ancestrais. A consciência voa, isto é, movimenta-se para uma realidade "imaginal", no interior do ser humano, para um lugar indeterminado entre o que poderia se chamar realidade física e um estado mental, onde todas as transformações podem acontecer.

É a partir dessa metáfora xamânica que as visualizações criativas operam com o objetivo de fazer os participantes das "vivências" atingirem, performaticamente, a consciência desse movimento do espírito. O sujeito afirma-se como espírito em movimento, por meio de uma combinação variada de técnicas para operar a passagem do meio físico para um "outro mundo", aqui entendido como o "mundo da constante transformação" ou "espírito em movimento".

É dentro dessa concepção de cura espiritual, no universo Nova Era, que podemos dizer, junto com Magnani, que o neoxamanismo ou xamanismo urbano, também no Brasil, vem se constituindo:

> "(...) por meio da agregação de elementos das mais diversas origens, contextos culturais e períodos históricos. (...) As fontes que fornecem a inspiração, base doutrinária e elementos rituais são bastante díspares: vão desde obras de autores consagrados como Mircea Eliade, Joseph Campbell, Carl

Jung, entre outros, passando por tradições e cosmologias atribuídas a povos indígenas (atuais e passados), a culturas pré-históricas, a supostos cultos e religiões já desaparecidas e em alguns casos incluem até mesmo formulações de determinadas ciências como a biologia molecular, a genética e a física quântica" (Magnani 1999c:118).

4. "Indigenização": uma versão tipicamente brasileira da Nova Era?

Devido à intensificação da influência do modelo xamânico no meio espiritual Nova Era, dada a ênfase no valor terapêutico de suas práticas, vem se tornando cada vez mais visível, também no Brasil, a incorporação de práticas "neoxamânicas". Instituições, como por exemplo a Paz Géa, em São Paulo – considerada a primeira escola de neoxamanismo do Brasil –, apresentam-se com o objetivo de realizar pesquisas e práticas xâmanicas a partir de uma "rede de xamãs urbanos em atividades nas áreas da psicologia, terapia corporal, cursos, celebrações e várias formas de aconselhamentos e atendimentos" (Magnani 1999c: 114).

Com esse termo, "neoxamanismo", está-se referindo a um conjunto de "vivências" baseadas em "visualizações criativas" que retiram inspirações de trabalhos de divulgação científica, basicamente na área da física quântica, das psicotecnologias e de estudos relativos à mitologia comparada. Tal arranjo é feito de forma cada vez mais estilizada, porque os trabalhos citados são articulados a outras práticas disponíveis nesse mercado, principalmente aquelas referentes às culturas indígenas atuais ou de povos e civilizações pré-históricos, na forma de uma "religiosidade caleidoscópica", resultado de um trânsito por áreas muito diferentes. Com suas inúmeras propostas e novos arranjos, sempre possíveis de se realizar, pode-se considerá-lo, portanto, como parte integrante dos circuitos e trajetos Nova Era na cidade.

É assim que as experiências xamânicas vêm sendo oferecidas pelos centros holísticos, também nas cidades brasileiras, incorporando, nas "vivências" em oferta, elementos míticos e rituais pinçados das diferentes tradições indígenas do Brasil, ao lado de incorporações provenientes das tradições norte-americana, andinas, tibetanas pré-budista, da Ásia Central e do Norte. Vêm-se destacando, portanto, nesse ambiente Nova Era, elementos da tradição indígena brasileira, mas como observa Magnani: "através de referências a uma cultura indígena em geral, com alusões a este ou aquele povo, sem que mantenham necessariamente algum tipo de relação permanente com suas aldeias" (Magnani 1999c:120).

Algumas observações fazem-se, aqui, necessárias.

Não se exige, no ambiente Nova Era, que o xamã ou o facilitador de uma experiência xamânica seja proveniente de tribos indígenas. Muitas vezes não o são. Por meio de cursos realizados no Brasil e no exterior e de uma "rede" xamânica transnacional, que oferecem formação e iniciação nas mais diversas linhas xamânicas e combinações entre elas, brasileiros de todas as etnias podem se apresentar como xamãs e oferecer suas criações particulares.[17] O curso mais famoso e procurado no Brasil é aquele oferecido pela Paz Géia: Instituto de Pesquisas Xamânicas de Carminha Levy, em São Paulo, de orientação eclética, segundo a tipologia oferecida por Magnani. Isto é, articula elementos de várias tradições indígenas e orientais, traz informações a partir de textos de Mircea Eliade, Joseph Campbell e Carl Jung, além de incorporações de conceitos retirados da ciência, principalmente da física quântica (Magnani 1999c). Alguns desses xamãs urbanos, seguindo o exemplo de Carlos Castañeda, terminaram por se "converter" depois do contato com culturas indígenas brasileiras, a partir de alguma pesquisa de campo para seus trabalhos científicos. Após um período de iniciação com os nativos, passam a oferecer seus serviços xamânicos nas grandes cidades, brasileiras ou estrangeiras. Outros xamãs, que se apresentam como descendentes de

17. Tome-se o exemplo de uma terapeuta de Minas Gerais que, ao oferecer seus *workshops* xamânicos, assim se apresenta: "(...) é formada em Física, com Doutorado em Práticas Pessoais e Coletivas na COPPE/UFRJ. Especializou-se em Terapias Vibracionais, participando da 1a. Formação em Técnicas do Despertar da Consciência. É formada em Terapias para o Século XXI pelo xamã australiano e terapeuta de iniciação Rowland Barkley; e tem participado de trabalhos com o curador norte-americano Foster Perry. É *Reiki Master* no sistema *Usui*, e no *Reiki* Xamânico, instrutora de Tantra Lemuriano, tem consultório no Recanto dos Anjos, onde dá consultas particulares. Já ministrou vários cursos nesta área, sempre com ênfase no despertar do Curador Interno" (reprodução de texto enviado por e-mail).

grupos indígenas brasileiros, atuam também de forma eclética, reelaborando e articulando elementos genericamente referidos às tradições de índios brasileiros com elementos de outras tradições.[18] Outros, como o xamã Sapaim, de origem indígena constatada, oferecem consultas na cidade a clientes não índios, homens e mulheres escolarizados, de graduação superior, mas que pouco entendem de rituais indígenas, nem compreendem as palavras mágicas emitidas por Sapaim em tupi kamaiurá. Segundo Wesley Aragão, os clientes recriam o xamã para dentro de seu próprio *eîdos*.[19]

É importante ressaltar, também, que, apesar de se poder observar, no nível discursivo e na fundamentação das escolhas que irão constituir uma "vivência", referências às diferentes fontes e tradições, na prática o que predomina é o trânsito intenso entre elas, entre vestígios de seus rituais e de seus mitos, além de um intenso trânsito e articulação das experiências xamânicas assim constituídas com outras áreas muito diferentes de atuação espiritual, terapêutica, artística e científica.

Seguindo essa mesma lógica e o veio aberto pela influência do neoxamanismo no ambiente Nova Era nas cidades brasileiras, observa-se, hoje, a difusão do uso da *ayahuasca* para a promoção de estados alterados de consciência a partir da incorporação de elementos rituais pinçados das religiões ayahuasqueiras, originárias do contexto sertanejo amazônico, para fins terapêuticos e artístico-criativos da classe média do sudeste brasileiro. Esses novos usos urbanos da *ayahuasca* são articulados, por sua vez, às diferentes combinações de elementos rituais provenientes de diferentes tradições alienígenas: as psicoterapias não convencionais, a física quântica e as tradições espirituais de várias partes do globo. Para além dos centros holísticos, as técnicas xamânicas, que no Brasil contam agora também com a possibilidade de

18. Esse é o caso, por exemplo, de Kaká Werá, que se apresenta como um índio txukarramãe e, como tal, considera-se encarregado do resgate e difusão da tradição guarani à frente da coordenação do Instituto Nova Tribo, em São Paulo.

19. A existência desse tipo de xamã, especificamente do xamã Sapaim, chegou a meu conhecimento através do projeto de tese de Wesley Aragão, cujo título é "Os xamãs na metrópole e a busca pela sabedoria do bom selvagem" – exame de qualificação, no PPGAS do Museu Nacional da UFRJ.

incorporação dos novos usos da *ayahuasca*, têm-se difundido em consultórios médicos, principalmente de psicoterapeutas não convencionais, com o objetivo de alcançar efeitos curativos pelo acesso às dimensões do inconsciente. Essa nova articulação vem-se difundido, também, em oficinas teatrais e de dança, no tratamento de dependentes químicos e na assistência médico-emocional-espiritual de mendigos, nas ruas de São Paulo.[20]

Poderíamos dizer, então, que essas incorporações de elementos retirados das tradições indígenas e religiosas brasileiras seriam indícios de uma versão tipicamente brasileira da Nova Era, de sua "indigenizacão"?

Eu tendo a responder negativamente a essa questão, porque tais incorporações "nacionais" não fogem da lógica da transitividade da religião no mundo contemporâneo, especialmente dessa cultura religiosa errante da qual estamos tratando. Refiro-me a uma lógica que aponta para o deslocamento de diferenças híbridas, princípio que se poderia dizer universal na orientação dessa cultura religiosa errante para além das fronteiras brasileiras, mas que, segundo meu argumento central, não parece permitir nenhuma universalização das práticas e idéias em circulação. Trata-se de um princípio cuja atualização não resulta na apreensão de um sistema religioso-espiritual unificado ou coerente no sentido de uma homogeneização regional, nacional ou global, a partir de uma "língua franca" ou identidade sistêmica.

Relembremos, assim, à guisa de demonstração e a partir do que já tratamos neste capítulo, aquilo que se apresenta como específico nessa cultura religiosa errante.

Primeiro, o fato dela constituir-se como um campo de experiências e articulações momentâneas, provisórias e efêmeras, que inclui uma gama de pessoas diferenciadas e que apresentam em seu campo de atividades o cruzamento de áreas tão diversas da vida como o negócio, o lazer, a arte, o esporte, a ecologia, a medicina, a ciência, entre outras.

20. Uma etnografia sobre esta nova possibilidade combinatória consta na dissertação de mestrado de Beatriz Caiuby Labate (2000). Vide, também, Labate e Sena (2002).

Segundo, o fato dela transformar, estilizar, desarranjar ou rearranjar elementos de tradições já existentes, retirando-os de seu contexto de significação original e liberando-os de seus códigos originais, para apresentá-los como metáforas provocativas de determinadas sensações ou visões, em um determinado momento e segundo determinados objetivos. Não mais circunscritos à sua comunidade de origem ou a seus grupos "naturais", esses elementos são recobertos com uma alta diversidade de significados e usados para uma variedade de propósitos. Funcionam, assim, mais como recursos simbólicos ou de linguagem, com grande grau de flexibilidade e imprevisibilidade, do que como doutrina ou sistema fechado de significados. Ressalta-se, nesse caso, a possibilidade de improvisar "vivências", eventos, cerimônias, encontros e festivais, a partir da incorporação de elementos rituais, míticos e mágicos de diversas tradições com a condição de se quebrar as ortodoxias de seus códigos sociais originais e inibir, dessa forma, qualquer possibilidade de positivar uma determinada direção cultural nas relações e articulações que realizam.

Terceiro, o fato de as "vivências" Nova Era não se referirem à apreensão de um código ideológico ou doutrinário que lhe seja específico. Elas também não se colocam à espera de um tempo futuro e glorioso quando a apreensão de um determinado código, finalmente, se realizará. O que se pretende com as técnicas em oferta e, diga-se, em permanente invenção, é provocar uma espécie de "advento" dentro de cada um daqueles que se dispõem a viajar para dentro daquela desejada "realidade imaginal". Assim, como tudo está para ser configurado, não há, no caso das "vivências" Nova Era, um retorno a um determinado mito. Não existem, por isso, mensagens a absorver, seja de um passado glorioso ou cultural, seja de uma história a ser construída definitivamente por meio de suas performances. Aos participantes também não se oferecem regras, demonstrações lógicas, argumentos, conceitos ou prognósticos, mas "*spiritual crafts*", artes de fazer, que, como simples instrumentos apenas concedem espaço para o improviso, a espontaneidade e a responsabilidade de escolhas.

Quarto, o fato de a eficácia dessas "vivências-performances" provir de seu poder de "desconstrução", através da introdução intencional de um desequilíbrio no interior de sistemas aparentemente estáveis, suspendendo regras, códigos e cânones, devido, inclusive, à própria relativização dos sistemas em interação proporcionada por uma "religiosidade caleidoscópica" ou um "sincretismo em movimento". O que se evoca, com essas "vivências", entre as mais sofisticadas, é uma atitude dos participantes para defrontar-se com o mundo, com suas fraquezas e incertezas, mas também com suas forças, provocando o desejo e a vontade de ocasionar mudanças. Mas para tal, ao invés de as "vivências" fazerem os participantes absorverem sistemas de conhecimento, ideologias ou doutrinas das práticas que utilizam, é o confronto com a dor, com o sofrimento e com a qualidade enigmática da existência, como "imanência imperfeita" ou em "crise incessante", que exige uma resposta imediata. Ao invés de recobrir a existência com ornamentos ideológicos, qualquer que seja a sua natureza, o importante é predispor-se a caminhos imaginativos para o enfrentamento da ambígua realidade da vida individual, natural e social.

5. Conclusão

Se tomarmos, então, essas quatro características como critérios para reconhecer certas práticas pelo adjetivo Nova Era, eu diria que elas possuem, sim, uma lógica, mas trata-se, nesse caso, de uma lógica não sistêmica que aponta para o deslocamento de diferenças híbridas. É a atualização dessa lógica nas práticas Nova Era que nos impede de propor uma generalização substantiva do que seja Nova Era ou de reconhecer nelas um padrão que seja universalizante, mesmo que apenas local ou nacional.

Se essas práticas não formam sistemas, não existem, portanto, variantes locais ou nacionais, mas combinações heterodoxas, ou melhor, sínteses provisórias e ambíguas. No caso, trata-se de um esforço performático para colocar diferentes elementos em comunicação, num processo de constante invenção e improvisação. Isso se dá a partir da produção e dispersão de diferenças em circulação mais do que produção de identidades (o que seria o mesmo que variações dentro de um mesmo sistema, ou "pura aproximação") ou produção de diferenças irreconciliáveis (isto é, sem qualquer princípio que as aproximasse, o que seria o mesmo que "puro afastamento"). O que é ressaltado nessas práticas, com seu movimento específico, é, preferencialmente, a dimensão vital do "tornar-se", sem que seus agentes, no entanto, sejam obrigados a negar definitivamente a dimensão do "ser". Assim, vejamos.

A universalidade de tal lógica não produz uma religião ou uma espiritualidade universal, mas práticas singulares que não são, contudo, da ordem da identidade ou de uma interioridade qualquer, porque, trata-se, nesse caso, de um movimento, de um deslocamento incessante em si mesmo e em relação às outras práticas com as quais realizam combinações que implicam em aproximações e afastamentos.

Esse deslocamento incessante em si mesmo é potencializado nas performances corporais, que são as "vivências". Nelas o "sentido", pelo qual se busca ou se deseja, jamais se reifica em uma única cosmologia, narrativa, texto ou *script* – ou, numa linguagem religiosa, em um único céu ou espírito. O sentido é reinventado sempre que colocado em execução nessas performances corporais, na e pela circulação dos próprios corpos, por meio de técnicas (os *spiritual crafts*) que promovem um contato corporal de intensidades, tanto emocional quanto afetivo, e revelam, por esse mesmo ato, o afastamento e a aproximação dos corpos – ou, como diz Jean-Luc Nancy, com o seu conceito de "toque", "o afastamento e a aproximação que *são* os corpos: fundamentalmente não físicos, mas distantes-pertos, alcançáveis-inalcançáveis, desejáveis-temíveis, eróticos, poderosos, fracos, fugitivos e confrontantes etc." (Nancy e Pontbriand 2001:148). Eu acrescentaria: um afastamento e uma proximidade também em relação às cargas significativas que esses corpos carregam em si mesmos e que são percebidas uns pelos outros através do excesso de emoções desencadeadas no momento dessas "vivências".

Como caso exemplar do que venho expondo, salientei em seções anteriores a situação paradigmática dos rituais de cura. Neles a cura genuína é conseguida e representada pela criação de um encontro que vai se dando junto com a diluição do *ego*, com a morte ritual de identidades rígidas e fortes e com a apreensão sentimental da relatividade das identidades e de seu ser incompleto e frágil.

Retomando a noção de "face" de Levinas, que junto com A. Lingis (1994) tem inspirado essa minha interpretação, saliento o que ele diz em *Ethics and Infinity*: "a verdadeira união ou o verdadeiro sentimento de se estar junto a alguém não é um sentimento de síntese, mas um sentimento do face-a-face" (Levinas 1975:77). O mesmo nos parece sugerir a busca desses errantes da Nova Era em seus rituais de cura.

Assim, a possibilidade de recuperação do "espírito do ser", identificado com *o* "espírito", vai tornando-se realidade, na seqüência da "vivência", após intensas experiências criadoras de uma atmosfera de "encontro pleno", para além das definições e classificações substantivas, no excesso do outro e de si mesmo. Realiza-se aí um encontro com a "face" do outro como singularidade, como um traço fora de todas as categorias, e o mesmo vai sendo experimentado em relação a si próprio e interpretado no conjunto da "vivência" como a recuperação do espírito.[21]

Deixar-se absorver pela dor do outro e perder-se na dor é a condição para adentrar-se no excesso do outro e de si mesmo, numa linguagem Nova Era, através do *ego* para se alcançar o *self* – o verdadeiro eu – que é, por sua vez, o reconhecimento do "espírito" (de Deus, da centelha divina ou do sagrado) que habita o homem.

Eu diria, então, que, nessa espiritualidade, encontrar-se com o espírito é adentrar-se no excesso fora do *ego*; é encontrar-se com a alteridade do outro e de si mesmo. Por essa via, é possível contrapor a noção de excesso do outro e, portanto, também de si mesmo, à noção de transcendência. Não existiria, nessa espiritualidade, um Deus distante cuja imagem e semelhança são herdadas pelos homens. O que existe, na mais fundante "verdade" das coisas, é um vazio de substância comum a todos que se dá na ausência de imobilidade da experiência.

O que nos chama atenção, portanto, no desenrolar dessas performances corporais e de cura, como apoio ao argumento central deste capítulo, é justamente essa

21. A "recuperação do espírito" adquire assim, dentro do contexto ritual, um significado moral mais amplo. Refere-se ao fato de o participante sentir a si mesmo como sendo outra coisa além de ser simplesmente um membro ou um representante de uma categoria ou classe social e ao reconhecimento de que a sua busca está direcionada para ele se situar no movimento do "tornar-se" outra coisa ou, pelo menos, "tornar-se melhor" do que se é. Trabalha-se para alcançar o *self*, baseando-se em uma moralidade do constante recomeçar, mas não se trabalha o *ego* – membro ou representante de uma categoria, classe, religião, sexo ou profissão, portador, em maior ou menor grau, de *status*, poder, prestígio e identidades demarcadas.

idéia de reconhecimento na alteridade do outro e não do si mesmo no próximo ou o outro semelhante de si, porque o que as performances corporais fazem surgir é essa noção de reconhecer-"se" na falta de um "si".[22]

Em conseqüência, a idéia de "sagrado" que se depreende dessa compreensão espiritual do mundo e do homem é a de um "sagrado" sem fundamento, mas, justo por isso, "sagrado", porque fonte universal de criação e de vida, entendida aqui como a "totalidade aberta do pleno potencial". Reconhecer-se na falta de um "si" é, portanto, sair da imobilidade da substância comum, para colocar-se em movimento, no excesso do outro e do outro de si mesmo. Também por isso, nessas "vivências", o processo ritual não aponta para atitudes corretas ou para o compartilhar de idéias justas, porque não há um conjunto de regras ou passos a serem imitados. A lógica da performance não é a da *imitatio*, mas a da *inuentio*, porque a novidade e a singularidade do gesto têm um valor preponderante em relação a uma norma a ser repetida ou reatualizada. Aqui, nada "torna-se" gestos. Isto é, se os gestos dizem algo é que nada está para ser "dito", principalmente sobre si mesmo ou sobre o grupo, porque tudo está para ser configurado.

Saliento, enfim, para os propósitos deste capítulo, que, para além da significação lingüística do termo, "sentido", aqui, corresponde à partilha de sentidos corporais, sensoriais, portanto, quando o que se comunica são afetos e forças, dificilmente conceitos e informações; quando o que está para ser comunicado é o "incomunicável", aquele algo ou qualquer coisa que excede os produtos da linguagem dada ou da cultura estabelecida e que, talvez por isso, as "vivências", mais do que ofere-

22. Com isto podemos voltar à noção de "toque" de Jean-Luc Nancy, fazendo-a corresponder com aquilo que ocorre nas performances corporais que são as "vivências" Nova Era, nas quais também se presencia tanto o afastamento quanto a proximidade e, como no "toque", expressa o respeito à exterioridade e à alteridade. Através dessa proximidade-afastamento que são os corpos, essas "performances-vivências" provocam o multiplicar-se e o difundir-se dos sujeitos participantes. Cada participante relaciona-se "consigo mesmo como e por uma distância" – diria Jean-Luc Nancy – "por uma diferença, um retorno de si para si, em que o si mesmo se afasta e se reúne em si mesmo" (Nancy e Pontbriand 2001:151), num movimento incessante de desdobramento, eco, retorno, rejeição, retomada, quando há sempre uma maneira desses participantes se tocarem e se afastarem em si.

cer uma linguagem, provocam nos participantes um "desejo de linguagem", ao conceder um acesso, por meio de seus *spiritual crafts*, ao que permanece inacessível, inincorporável, inassimilável na existência humana.

As performances corporais que são as "vivências" Nova Era podem ser comparadas, assim, com o que eram os *happenings* e o que são as *performances* na arte contemporânea. A eles se assemelhariam pelo não comprometimento com a necessidade de repetição, porque, sem nenhum *script*, cada "peformance" cria seu próprio "drama" e se apresenta como evento único.

Comparando-as com as "artes performativas" como são o teatro, a dança e a música, as performances corporais Nova Era a elas se assemelham, porque, também como elas, não produzem "obras" que possam ter uma existência independente, após terminado o ato. Ao final de cada "vivência", não sobra "obra" alguma, porque a comunidade que ali se constitui, provisoriamente, dá-se na forma de uma "comunidade inoperante", para usar mais um termo sugerido por Jean-Luc Nancy. A "inoperância", contudo, adverte Jean-Luc Nancy, não é o negativo da "obra", é o que excede, no operar, o produto, a satisfação e a realização (Nancy 1991).

Sua operação caracteriza-se por um processo do tipo *work in process*, cujas regras, combinadas em cada "vivência", vêem-se submetidas à dinâmica do evento, no sentido de permitir que o imprevisível se manifeste. A busca, a experiência ou produção de sentido que ali se dão, provisoriamente, não são assegurados por nenhuma regra, texto, narrativa ou *script*, por nenhuma orientação ou padrão de medida preestabelecidos. Em outras palavras, a eficácia da "vivência" depende menos dessas regras e sentidos substantivos para a sua ocorrência do que dos "elementos excedentes" – aquele esforço ou energia pessoal empregados acima e além do convencional – que é o que torna o evento particular e possivelmente único. Os "elementos excedentes" são os "acontecimentos dramáticos" que ali ocorrerão, a sua contingência, a surpresa e a excitação que possam provocar. São eles que concorrem para que a dinâmica imprevisível do evento se manifeste ao final e ao cabo. Ou, o que seria o mesmo dizer, sem o imprevisível não há performance.

O ponto central a ser destacado, para o caso das performances Nova Era, é essa idéia de que a eficácia daquilo que ocorre durante as "vivências" é criada especialmente pela "performatividade" do evento. A ocorrência de algo dramático depende do próprio evento, isto é, da capacidade performativa de seus facilitadores e participantes de provocar uns nos outros emoções, sentimentos e afetos. Nesse caso, as "vivências" Nova Era são mais performativas que as "artes performativas", porque, sem nenhum *script*, partitura, coreografia ou texto predeterminado, criam o seu próprio drama. Esse drama – sempre relativo à potencialidade ideal do ser humano ou do "espírito" (sem fim e sem um fim) e aos aspectos elementares e não fundados da condição humana (sem um sentido comum além da inevitabilidade da morte e, portanto, sem uma apreensão finita neles mesmos) – depende, especialmente, da particularidade daquele evento, dele mesmo, isto é, como um evento autocriativo e *in progress* – ele também sem fim ou um fim.

As "vivências" Nova Era, encontram-se, assim, numa zona limite, quando vêem-se na iminência de se apresentar como "atos performativos puros", isto é, segundo o conceito de Derrida: "momentos, situações, em que se destroem as regras anteriores e novas regras ainda não estão instituídas". São "momentos revolucionários, nos quais não mais valem os critérios e regras anteriores, e esses atos performativos têm apenas a si mesmos como parâmetros". Não possuem nada em que possam se apoiar, porque "nenhum padrão de medida existente lhes serve como referência, pois estão sendo praticamente destruídos" (Rosenfield 2001:200).

Todavia, a arbitrariedade das combinações realizadas nas "vivências" Nova Era não chega a apresentar tal radicalidade revolucionária, no sentido de uma negação *in totum* da(s) linguagem(ns) religiosa(s). Apesar do esforço para não se apoiar em suas prescrições particulares, o que se busca ressaltar, por meio dessa "lógica de deslocamento de diferenças híbridas", não é a invalidade da(s) linguagem(ns) religiosa(s), seja por sua contestação, julgamento ou confronto entre elas. Não é isto que está em causa, mas, sim, a impossibilidade de cada uma delas apreender em si mesma, na sua particularidade, o sentido da existência (entendido, nesse universo, como o espírito ou o sagrado), o qual só existe ou é capaz de existir na dispersão, na circulação por "entre" as tradições religiosas e culturais e não nelas mesmas. Em seu estado virtual e nesse campo do "entre", permeia tudo sem pousar em lugar algum ou gerar conteúdo particular.

Nesse ambiente, onde não sobrevivem soluções predeterminadas nem direções preferenciais ou princípios fixos que apontem para um "sistema" centralizado de crenças, as "vivências" e seus *spiritual crafts* adquirem uma significação moral particular – uma moralidade sem código ético e, portanto, sem fundação, diria Bauman (1991). Ao invés de uma estética baseada em cânones fixados por uma tradição, de uma ética enquadrada em estatutos especializados ou de uma religião com fundamentos doutrinários coerentes e identidades reconhecidas, privilegia-se o improviso, as combinações sincréticas, a instrumentalização do comportamento sem regulamentação previamente fixada e uma espiritualidade desenraizada ou desterritorializada (Amaral 2000:139).

A performatividade das "vivências" Nova Era funciona, assim, à moda de uma "carnavalização", na acepção mais ampla sugerida por Bakhtin.[23] Situada em uma zona limite, a da irreverência espiritual, coloca em destaque a parcialidade, a flexibilidade e a relatividade da(s) linguagem(ns) religiosa(s), mas não a sua negação. Sem o apoio, contudo, de suas prescrições, resta a seus participantes o desejo de linguagem, não contra elas, mas por meio delas, graças à quebra de suas ortodoxias em seus códigos originais. Por isso, mais do que a suspensão das crenças ou da linguagem religiosa em si mesma, o que se encontra em causa é a suspensão dos comprometimentos identitários que possam se apresentar como obstáculos para o "tornar-se mais do que se é".

Observo, finalmente, que essa cultura religiosa errante, adjetivada Nova Era, tal como foi apresentada neste capítulo, não produz uma religião, tomada em separado das religiões existentes com as quais se confrontaria, nem se constitui como um "momento revolucionário", também separado delas, porque, em ruptura com elas, visaria produzir uma outra cultura religiosa totalmente nova. Evidencia, outrossim, como tendo a concluir, a operação de uma certa lógica articulatória que coloca em foco uma das dimensões da religiosidade contemporânea: uma reação relativizadora em contraposição a uma reação fundamentalista, em um contexto transnacional ou globalizante.

---

23. "O carnaval liberava a consciência do domínio da concepção oficial, permitia lançar um olhar novo sobre o mundo; um olhar destituído de medo, de piedade, perfeitamente crítico, mas ao mesmo tempo positivo, não niilista, pois descobria o princípio material e generoso do mundo, o devir e a mudança, a força invencível e o triunfo eterno do novo" (...) "uma liberação total da seriedade gótica, a fim de abrir caminho para uma seriedade nova, livre e lúdica" (Bakhtin 1993:329).

Nesse contexto contemporâneo, a relação entre religião e sociedade envolve dimensões diferentes cuja exposição mais sistemática exigiria um esforço que ultrapassa o escopo deste capítulo. Porém, de uma forma sintética, poder-se-ia dizer que um dos aspectos que hoje está em foco diz respeito à capacidade ou não de as religiões se apresentarem como recursos simbólicos ou míticos para enfrentar problemas relativos à nova ordem social. O dilema não é novo. Poderíamos dizer que é constitutivo da própria humanidade. Porém, é um desafio que vem se apresentando de forma mais aguda e sistemática no atual contexto da globalização. Trata-se do confronto com a alteridade ou o situar-se frente ao "outro". Essa é uma situação necessariamente provocativa que impele as sociedades, em um sentido mais amplo, ou grupos sociais, em um sentido mais restrito, a pensar e a responder perguntas relativas ao diferente e ao semelhante; ao convívio com o diferente no mesmo espaço social e/ou territorial e à emergência do diferente interno. Essa situação tem levado às seguintes atitudes: a) a uma tendência para apagar as diferenças, em busca de verdades absolutas ou valores universais, mesmo que em nome da luta contra a intolerância; b) a práticas de refúgio, pela reafirmação (violenta e agressiva) de identidades, quando essas se vêem ameaçadas pelo processo de hegemonia cultural global; c) ao uso político das diferenças religiosas como um instrumento utilitário para certas parcelas da sociedade se fazerem presentes nas relações de força globais, na disputa pelo controle da nova ordem social e pela dominação local; e d) a dificuldades em reconhecer universais, na base de atitudes que se mostram relativistas, desconstrutivistas e individualistas. Em sintonia com esses desafios, pode-se salientar dois tipos de reações religiosas em direções distintas: a) as reações fundamentalistas frente ao deslizamento da verdade, quando o apego a uma determinada religião apresenta-se como um forte indicador de identificação grupal ou como necessidade de apreensão de uma religião universal; e b) as reações relativizadoras que reagem contrariamente à formação de identidades fechadas no sentido coletivo-societal, cuja contrapartida religiosa mais radical encontra-se em uma cultura religiosa errante que aponta para a absolutização de um domínio comunicacional não-societal, representado em seus rituais como o exato momento da passagem em que o indivíduo, liberado das amarras culturais, se reencontraria com a humanidade. Todavia, mesmo entre as práticas mais relativistas, como é o caso de uma cultura religiosa errante para a qual venho mantendo o adjetivo Nova Era, o desafio não desaparece: como manter a dialética entre diversidade e semelhança, preservando um nível de diversidade sem que, entretanto, suas experiências se deixem esfacelar ou empobrecer em razão de um relativismo contrariamente radical? Como articular esses dois pólos do paradoxo? O que se pode observar é que mesmo as experiências religiosas, espirituais ou terapêutico-espirituais, que em princípio e de acordo com os objetivos declarados de seus participantes poderiam ser caracterizadas como respostas relativistas ao paradoxo da globalização, apresentam nelas mesmas as duas possibilidades, fazendo-as coexistir em tensão e em cruzamento.[24]

Por isso, reafirmo que essa cultura religiosa errante, como uma das reações relativistas ao paradoxo contemporâneo, não provoca uma negação das crenças existentes ao colocar em evidência, em suas práticas, as combinações provisórias e arbitrárias, a flexibilidade, a parcialidade e a relatividade das regras das religiões prescritas. O que ela propicia são momentos de suspeita, sem que haja a necessidade de seus agentes optarem por uma conversão. O que ela provoca são momentos de irresolução e indecisão que possibilitam momentos de experimentação de sentidos, através da performatividade das "vivências", quando o terreno não fundado das crenças pode deixar-se transparecer. É quando se exige dos participantes, ou melhor, quando eles se deixam invadir pelo desejo de novas combinações, mesmo que provisórias e arbitrárias, para se envolverem com a vida cotidiana, quando seus aspectos mais ordinários e também arbitrários apresentam uma demanda imediata de sentido para além e acima do convencional.

Sendo de tal ordem, essa demanda de sentido desautoriza a cultura religiosa, pela qual se tenta impor, a fixar-se em qualquer sistema identitário, senão como uma área de significação sempre em aberto e que nunca é inteiramente dominada por nenhuma identidade em ação.

É essa dimensão da religiosidade contemporânea, portanto, e não as religiões particulares, que se apresenta como um "espírito sem lar". Sem essa dimensão, as religiões tenderiam ou tendem a se manter fechadas em suas identidades próprias:

24. Para uma discussão mais detalhada desse aspecto, vide Amaral (2000), especialmente o capítulo VII, e Amaral (2001).

as religiosas e as culturais. Por isso, venho utilizando o conceito de "errância" para sugerir essa "carga de indefinições e parcialidades", tanto do sujeito, quanto do cânone; carga essa que permite captar o que é Nova Era nos interstícios de quaisquer identidades religiosas, mesmo entre aquelas que são denominadas ou se autodenominam "religiões" Nova Era, o que torna impossível, portanto, o mapeamento dessa religiosidade como uma categoria geral ou a inserção dela em um quadro taxonômico definido.

Referências Bibliográficas

ALBANESE, Catherine L. The magical staff: quantum healing in the New Age. In: LEWIS, J. & MELTON, G.. *Perspectives on the New Age*. Nova Iorque: State University of New York Press, 1992.

AMARAL, Leila. *Carnaval da Alma: comunidade essência e sincretismo na Nova Era*. Petrópolis: Vozes, 2000.

AMARAL, Leila. Sobre uma cultura religiosa errante e a redefinição da pertença religiosa nesse final de século. *Cadernos CERU*, série 2, nº 12, 2001.

BAKHTIN, Michail. *A Cultura Popular na Idade Média e no Renascimento: o contexto de François Rabelais*. São Paulo: Hucitec, 1993.

BAUMAN, Zygmunt. *Modernity and Ambivalence*. Cambridge: Polity, 1991.

COWARD, R. *The Whole Truth: the myth of alternative health*. Londres: Faber, 1989.

GADAMER, Hans-Georg. *A Atualidade do Belo: a arte como jogo, símbolo e festa*. Rio de Janeiro: Tempo Brasileiro, 1985.

LABATE, Beatriz C. *A Reinvenção do Uso da Ayahuasca nos Centros Urbanos*. Campinas: Dissertação de Mestrado (Mestrado em Antropologia Social), UNICAMP/PPGS/IFCH, 2000.

LABATE, Beatriz e SENA, Wladimir Araújo (orgs.). *O Uso Ritual da Ayahuasca*. Campinas: Ed. Mercado de Letras/FAPESP, 2002.

LEVINAS, Emmanuel. *Ethics and Infinity*. Pittsburgh: Duquesne University Press, 1995.

LINGIS, Alphonso. *The Community of Those Who Have Nothing in Common*. Indianopolis: Indiana University Press, 1994.

MAGNANI, José Guilherme C. O circuito neo-esotérico na cidade de São Paulo. In: CAROZZI, M. J. (org.). *A Nova Era no Mercosul*. Petrópolis: Vozes, 1999a.

MAGNANI, José Guilherme C. *Mystica Urbi: um estudo antropológico sobre o circuito neo-esotérico na metrópole*. São Paulo: Studio Nobel, 1999b.

MAGNANI, José Guilherme C. O xamanismo urbano e a religiosidade contemporânea. *Religião & Sociedade*, vol. 20, nº.2, 1999c. p. 113-140.

MARTINS, Paulo Henrique. As terapias alternativas e a libertação dos corpos. In: CAROZZI, M. J. (org.). *A Nova Era no Mercosul*. Petrópolis: Vozes, 1999.

NANCY, Jean-Luc. *The Inoperative Community*. Minneapolis e Oxford: University of Minneapolis Press, 1991.

NANCY, Jean-Luc e PONTBRIAND, Chantal. Jean-Luc Nancy/ Chantal Pontbriand, uma conversa. *Arte & Ensaio: Revista do Programa de Pós-Graduação em Artes Visuais EBA* - UFRJ, ano VIII, nº 8, 2001.

ROSENFIELD, Denis L. Derrida e a questão do mal. *Ética e Estética - Revista Filosofia e Política*, série III, nº 2, 2001. p. 197-215.

SANCHIS, Pierre. Para não dizer que não falei de sincretismo. *Comunicações do ISER*, nº 45, ano 13, 1994. p. 4-11.

SANCHIS, Pierre. As tramas sincréticas da história. *Revista Brasileira de Ciências Sociais*, nº 28, 1995. p. 123-138.

SANCHIS, Pierre. As religiões dos brasileiros. *Horizonte*, vol.1, nº.2, 1997. p. 28-43.

SANCHIS, Pierre. (org.). *Fiéis & Cidadãos: percursos de sincretismo no Brasil*. Rio de Janeiro: Eduerj, 2001.

SCHECHNER, Richard. Playing. In: *The Future of Ritual: writings on culture and performance*. Londres: Routledge, 1993.

SEGATO, Rita Laura. Formações de diversidade: nação e opções religiosas no contexto da globalização. In: ORO, A. P. e STEIL, C. (orgs.). *Globalização e Religião*. Petrópolis: Vozes, 1997.

TAMBIAH, Stanley J. The magical power of words. *Man: the journal of the Royal Anthropological Institute*, 3 (2), 1968. p. 175-208.

TAMBIAH, Stanley J. *Culture, Thought and Social Action*. Cambridge: Havard University Press, 1985.

TASSINARI, Alberto, *et alli*. *Nuno Ramos*. São Paulo: Ática, 1997.

TAVARES, Fátima. *Alquimia da Cura: um estudo sobre a rede terapêutica alternativa no Rio de Janeiro*. Rio de Janeiro: Tese de Doutorado (Doutorado em Sociologia), UFRJ/ IFCS/PPGS, 1998.

TAVARES, Fátima. O holismo terapêutico no âmbito do movimento Nova Era no Rio de Janeiro. In: CAROZZI, M. J. (org.). *A Nova Era no Mercosul*. Petrópolis: Vozes, 1999.

VELHO, Otávio. Ensaio herético sobre a atualidade da Gnose. *Horizontes Antropológicos*, ano 4, nº 8, 1998. p. 34-52.

Diferenças, Semelhanças, Simetrias:

controvérsias acerca de grupos religiosos no Brasil e na França

Emerson Giumbelli

Diferenças, Semelhanças, Simetrias:
controvérsias acerca de grupos religiosos no Brasil e na França

Emerson Giumbelli

1. Contornos das Controvérsias

A literatura acadêmica sobre "novos movimentos religiosos" dedicou atenção especial às controvérsias sociais nas quais muitos desses movimentos estiveram e continuam envolvidos. A expressão aponta para o interesse despertado pelos "novos movimentos religiosos", interesse que, concretizado em discursos e intervenções, congrega agentes e argumentos que extrapolam a esfera propriamente religiosa, mobilizando, por exemplo, o universo jurídico, aparatos estatais, a mídia e associações civis de natureza não religiosa. Um ponto menos óbvio é o de que o tema das reações sociais suscitadas pelos "novos movimentos religiosos" se tornou um aspecto essencial do problema – em pelo menos dois sentidos. Primeiro, notemos que, dada a fragilidade da expressão "novos movimentos religiosos" quando considerada sob o aspecto estritamente conceitual,[1] não se pode afastar a hipótese de que,

1. Refiro-me ao fato de que não se chegou a definições cristalizadas nem para "novos movimentos religiosos", nem para cada uma das partículas dessa expressão. Ainda mais: nem os pesquisadores mais destacados nessa área de estudos se mostram dispostos a provar ou convictos de que "novos movimentos religiosos" seja a melhor definição para o que pesquisam. Isso não impediu que se acumulassem dados e análises interessantes sobre esse universo ou que se utilizasse a expressão em um sentido capaz de contornar as complicações conceituais.

afinal, o fator decisivo para sua plausibilidade e unidade seja exatamente a circunstância de terem se tornado o objeto de reações sociais, partidas de vários pontos e convergindo para um mesmo alvo. Na falta de uma consistência interna, é esse vetor externo que acaba por definir o objeto – ou, melhor, chega-se a uma situação que embaralha essas distinções entre "interno" e "externo". Isso nos leva à segunda observação, qual seja, a constatação de que, na já mencionada literatura sobre "novos movimentos religiosos", as controvérsias sociais não só ganharam destaque, mas também foram convertidas em tema próprio e autônomo de investigação.[2]

Essas duas observações orientaram as investigações que resultaram em minha tese de doutorado, depois convertida em livro (Giumbelli 2002). Proponho ali uma comparação entre França e Brasil a partir da análise de controvérsias que ocorrem, em cada país, nas últimas décadas do século XX. Grande parte do trabalho é dedicada à caracterização das personagens e dos argumentos atuantes nessas controvérsias, bem como da resultante decorrente da relação entre eles. Mas, com essa análise, pretendi também contribuir para iluminar, de um lado, aspectos do funcionamento dos grupos que se tornaram alvos dessas controvérsias e, de outro, aspectos da lógica de constituição e organização das sociedades nas quais essas controvérsias ocorrem. O primeiro ponto concretiza o princípio de que o entendimento das controvérsias é essencial à compreensão dos "novos movimentos religiosos". Já o segundo foi elaborado por uma problematização sobre a definição social do "religioso", partindo da idéia de que é essa definição que as controvérsias observadas revelam e também reformulam. Isso supõe que se entenda a noção de "controvérsia" em um sentido que ultrapasse suas expressões concretas, que são, por definição, efêmeras e intermitentes. Ou seja, ao mesmo tempo em que é necessário dar conta do que ocorre em determinado momento (quem fala o quê sobre qual grupo?), pode-se tomar esses dramas sociais como vias de acesso para problemas que estão presentes de forma bem menos passageira para/em uma sociedade.

É possível com razão sustentar que no Brasil e na França – e em inúmeras outras sociedades – sempre ocorreram controvérsias a propósito de grupos religiosos.

2. Sobre o conceito de "novos movimentos religiosos" e a dimensão da controvérsia, ver Robbins (1988), Beckford (1985), Carozzi (1994) e Champion e Hourmant (1999).

Mas é igualmente fácil de demonstrar que esses grupos variam de acordo com a sociedade e, mesmo no interior dela, com o momento considerado. Assim, observando o quadro contemporâneo, cheguei aos universos de análise correspondentes às situações na França e no Brasil. Na França, as controvérsias atuais atingem um grande número de grupos (listas e publicações especializadas são capazes de arrolar mais de uma centena deles), embora acabem se concentrando sobre poucos deles, em especial a Cientologia e os Testemunhas de Jeová. As acusações levantadas contra tais grupos, em sua forma e conteúdo, remetem à década de 1970, quando as atenções se voltaram para a Igreja da Unificação do Reverendo Moon. Na sequência, outros grupos trouxeram apreensões como os Hare Krishna e os Meninos de Deus. Mas, como foi mencionado, o número de grupos é extenso – e não menor é a diversidade de sua natureza, aparecendo todo tipo de referência cosmológica, de forma de organização e de procedência geográfica. No Brasil, todos os grupos nomeados, com exceção da Cientologia, também se tornaram alvo de controvérsias, mas em uma escala bem mais reduzida quando se compara com a França. Ao se utilizar esse critério, percebe-se claramente que foram as igrejas pentecostais que mobilizaram as maiores energias a partir especialmente da década de 1980, com destaque para uma instituição específica, a Igreja Universal do Reino de Deus. Ao contrário da França, onde o parentesco entre os inúmeros grupos é enfatizado, mesmo quando a atenção se concentra apenas sobre alguns deles, no Brasil dos anos 90 a IURD tornou-se a referência claramente privilegiada para a controvérsia sobre religião.

A essas diferenças quanto ao objeto das controvérsias se acrescentam outras relativas à forma e ao vocabulário que elas assumiram nos dois países. Alguns aspectos eram comuns, como a participação da mídia, a preocupação de instâncias religiosas, o envolvimento de intelectuais, a intervenção de aparatos estatais com a mobilização de recursos jurídicos. Mas dois pontos resumem, de certo modo, as principais diferenças nesse plano. Na França, as controvérsias acerca dos grupos que mencionei acima estão referenciadas a uma categoria social específica: "seitas". A importância social dessa categoria é enorme e pode ser percebida por sua disseminação no "senso comum" e pelos produtos que gera (livros, documentários, reportagens, especialistas, instituições...). Embora não se tenha chegado a uma definição estabelecida da categoria, formou-se um consenso claro a propósito de sua natureza deletéria. "Seitas" são grupos cujo modo de funcionamento perverte a autonomia dos indivíduos que se tornam seus adeptos e ameaça as instituições da sociedade que os acolhe; devem, por isso, ser combatidas. Quando passamos ao Brasil, o que se nota é não a inexistência social da categoria "seitas" e sim a ausência da mesma densidade de significado. Em relação à Igreja Universal, embora lhe seja recorrente a aplicação do termo "seita" (e quase sempre com conotações pejorativas), o mais importante é que esse termo possa ser intercambiado com outros e que ele não crie uma relação entre essa instituição específica e uma classe genérica de grupos. Ou seja, no Brasil não está consolidada essa possibilidade que, na França, gera um rótulo acusatório claramente definidor de identidades sociais.

Além disso, na controvérsia que ocorre na França a propósito das "seitas" observa-se a presença de duas instâncias que inexistem no Brasil. A primeira delas são instituições que ficaram conhecidas como associações anti-seitas, entre as quais se destacam a rede de Associações pela Defesa da Família e do Indivíduo e o Centro de Documentação, Educação e Ação contra as Manipulações Mentais. Essas instituições congregam voluntários e profissionais, de várias competências e especialidades, em torno de um trabalho de dupla faceta: o recebimento e sistematização de materiais sobre grupos suspeitos ou estabelecidos como "seitas" e a ação voltada para a sociedade e os poderes públicos no sentido de alertar sobre o perigo representado por tais grupos. A outra instância são aparatos estatais constituídos especificamente para tratar do "problema das seitas" na França. Além do fato de que alguns setores do executivo encamparam a preocupação com as "seitas", hoje existe uma Missão Interministerial de Luta contra as Seitas, órgão ligado ao Primeiro Ministro e que procura monitorar e articular as ações governamentais. A Missão é o sucedâneo do Observatório Interministerial sobre as Seitas, criado em resposta ao relatório de uma Comissão Parlamentar de Inquérito ocorrida em 1995. Uma nova Comissão sobre as seitas foi formada em 1999 e todas essas ações alimentam um debate jurídico que gira em torno da conveniência e da possibilidade de se criar "leis anti-seitas". No Brasil, embora não faltem reclamações de ex-adeptos sobre a IURD, nunca elas geraram iniciativas mais formais e institucionalizadas; e embora a IURD tenha sido investigada e processada em função de muitos dispositivos legais, nunca sequer se cogitou na criação de um órgão governamental que se responsabilizasse por uma resposta aos problemas de que a Igreja foi acusada.

Uma leitura possível da relação entre as duas situações a partir desses dados iniciais consistiria em afirmar que na França a reação a grupos controversos é "mais rigorosa" do que no Brasil. Procurarei problematizar uma avaliação dessa natureza, apontando para outras alternativas de interpretação, apresentadas em um diálogo com o tema da globalização. A idéia de que a sociedade francesa é "mais rigorosa" que a brasileira tem como base uma certa assimetria, que se depreende da formulação que se limitaria a ver no Brasil apenas aquilo que já fora encontrado na França. Por outro lado, a mesma idéia supõe um plano de comensurabilidade, a partir do qual se pode estabelecer uma gradação pelo cotejo das duas situações nacionais. Problematizar essa combinação é a forma que escolhi para apresentar e ao mesmo tempo desenvolver alguns pontos de minha pesquisa. Os temas da assimetria e da comensurabilidade serão as vias pelas quais buscarei fazer uma discussão sobre religião, espaços nacionais e globalização, baseando-me nas situações de controvérsia já apontadas. A pretensão, assim definida, cobre tanto aspectos da realidade – nesse caso, as sociedades brasileira e francesa através das controvérsias que nelas ocorrem – quanto modos de perspectiva – como observar simultaneamente essas duas sociedades.

2. Limites dos Contrastes

A idéia de que na França haveria "mais rigor" que no Brasil na reação a grupos controversos poderia ser desenvolvida em um contraste mais geral entre as duas sociedades, encetando ao mesmo tempo o diálogo com o tema da globalização. Nesse caso, os "novos movimentos religiosos" representariam sintomas ou vetores de globalização, fazendo parte dos fluxos que atravessam fronteiras nacionais e redefinem o campo religioso como tal e na sua relação com as demais esferas sociais. A partir dessa relação entre "novos movimentos religiosos" e globalização, a qual será retomada mais adiante, é que se vislumbra o contraste geral já mencionado. De um lado, uma França que, diante dessas forças de globalização que seriam os "novos movimentos religiosos", reafirma um componente "nacionalista", que haure suas forças em uma tradição racionalista. As "seitas" seriam exatamente o produto de uma nova batalha contra os poderes irracionalistas da "religião", e os valores nacionalistas teriam viabilizado uma coalizão cuja razão de ser está em se contrapor a um inimigo maior e comum. De outro lado, um Brasil que, também diante de "novos movimentos religiosos", reafirma uma tradição de *tolerância*, formada e nutrida pelo lugar e pelo modo de existência do catolicismo. A debilidade da reação contra a Igreja Universal do Reino de Deus expressaria mais um movimento de acomodação, mediante o qual se agregaria outro componente ao arranjo precedente e se confirmaria o princípio fágico que neutraliza um confronto aberto com as forças de globalização.

Tentemos descer a alguns detalhes desse contraste. James Beckford foi um dos primeiros a procurar traçar uma visão geral sobre a reação na França aos "novos movimentos religiosos" (Beckford e Levasseur 1986; Beckford 1983; Beckford 1985). Conforme sua leitura, o crucial está em considerar a concepção dominante segundo a qual a França seria uma sociedade com uma ordem natural, orgânica. Daí, na reação às "seitas", a predominância do tema da subversão, ou seja, o temor de que as "seitas" representem valores e tragam influências que desafiem pressupostos culturais e estruturas sociais estabelecidas. Esse tema, e seus derivados (autoritarismo, conspiração, xenofobia), distinguiriam a França em contraste com os Estados Unidos, sociedade mais afinada com o pluralismo. Mais recentemente, um estudioso japonês (Nakano 2001) formulou explicitamente a hipótese de que os movimentos anti-seitas sejam interpretados como reações virtual ou implicitamente nacionalistas. Um dos casos que apresenta para corroborar sua hipótese é exatamente o da França. Dois pontos são enfatizados a partir da análise das reações recentes às "seitas": a defesa do modelo de Estado-nação estabelecido sobre o ideal da Revolução Francesa e do Iluminismo e a operação que consiste na exclusão de movimentos religiosos não provenientes da França ou desvinculados das igrejas cristãs estabelecidas. Ambas as forças seriam as responsáveis pela coalizão que ocorreria entre associações anti-seitas, aparatos estatais e igrejas tradicionais, coalizão que tanto Beckford quanto Nakano destacam.

Já a associação entre Brasil e tolerância não recebeu, até onde sei, uma formulação derivada diretamente de uma análise das controvérsias recentes sobre a Igreja Universal. Mas isso não significa que não haja referências que permitam traçá-la. Alguns cientistas sociais vêm trabalhando a idéia de que o Brasil, apesar de constituir uma sociedade socialmente excludente, seria também, em função da impregnação pelos valores católicos, culturalmente integradora, chamando a atenção para um componente sectário constitutivo de ideiais orientados pela ética igualitária protestante (Souza 1999). Se nos mantivermos agora no campo da religião, ao menos duas referências podem ser lembradas. Fernandes (1993) argumenta, a partir de uma análise do culto à Nossa Senhora Aparecida, que no Brasil não existe um centro para o qual convergiriam todas as linhas que percorrem o campo religioso. Outros centros dividem o espaço com o catolicismo, e mesmo este se apresenta diverso e multifacetado. Sanchis (1997), por sua vez, traçando um panorama analítico sobre o campo religioso brasileiro, destaca como elemento dominante, ainda que reformulado por outras tendências, as forças sincréticas e as identidades porosas. A Igreja Universal do Reino de Deus aparece em lugar importante nessa interpretação, já que assinala uma transformação crucial no protestantismo brasileiro. Mesmo adotando uma postura agressiva em relação a outras religiões, o estilo de devoção percebido na Igreja Universal é marcado pela assimilação de elementos externos à tradição protestante e por uma concepção abrandada de conversão, estabelecendo assim um vínculo inédito com traços dominantes da religiosidade brasileira. O êxito da IURD expressaria, assim, não só a consolidação de um novo componente no espaço religioso, mas também a reiteração de um certo modo estabelecido de construção da identidade religiosa – como se a cultura brasileira finalmente tivesse conseguido "fagocitar" algo que permanecia, de certo modo, "estrangeiro".

Essas linhas interpretativas poderiam ser muito mais detalhadas, tanto para a França, quanto para o Brasil, multiplicando-se as referências, agregando-se elementos históricos, refinando-se os argumentos. Mas o que foi acima esboçado parece ser suficiente para buscarmos outras possibilidades de leitura. Não se trata de desconsiderar as idéias que associam a França a um nacionalismo reativo e o Brasil a uma tolerância fágica. Ironicamente, parte do cuidado que devemos ter acerca delas funda-se na alta probabilidade de elas estarem corretas e de serem pertinentes.

Ou seja, não pretendo negar que a França tenha um forte componente de nacionalismo e que o Brasil se distinga por sua tolerância cultural. Fazer essas afirmações, no entanto, nos obriga a explorar argumentos que funcionam remetendo o presente ao passado e o contingente ao estrutural. Outro efeito é que se constrói um contraste entre as duas situações que virtualmente apaga certos planos que nos revelariam algumas semelhanças. No limite, estaremos às voltas com modalidades de culturalismo: Brasil e França são diferentes porque cada um desses países tem igualmente a sua cultura. Considerando as limitações e implicações de interpretações culturalistas, como reposicionar diferenças e semelhanças a partir de outras interpretações? Em vista disso, procurarei, como já afirmei, apontar para outras possibilidades de leitura a partir de um diálogo com as que discutimos até aqui. Para chegar até ela, inicio com uma espécie de balanço crítico dos limites explicativos das hipóteses em foco.

Muitos elementos confirmam a leitura da reação às "seitas" na França como um movimento nacionalista. Se checarmos a lista dos grupos mais alvejados, e isso desde a década de 70, notaremos que todos têm procedência estrangeira, com dois focos se destacando: Estados Unidos, de um lado; Oriente, de outro. Em várias ocasiões, nos protestos levantados por representantes de associações e aparatos estatais, tornaram-se explícitas as referências a essa procedência, com a contrapartida de uma defesa da sociedade e da cultura francesas. Impressiona também o fato da reação às "seitas" conseguir colocar do mesmo lado tendências e segmentos que, em muitas outras oportunidades, se defrontam como adversários: orientações à "esquerda" e à "direita", "católicos" e "republicanos" (ou, para usar termos menos específicos, religiosos e laicos). Outra forma de manifestação de um certo nacionalismo é a percepção da França ora como modelo a ser seguido por outros países, ora como exceção que obriga a considerar supostas especificidades. A defesa dos "direitos humanos" e das "liberdades individuais" aparece a propósito da primeira possibilidade; a "laicidade" radical, no sentido da estrita separação entre Estado e igrejas e da neutralização da religião no espaço público, a propósito da segunda. Nos momentos em que a questão das "seitas" é discutida em fóruns internacionais, autoridades e militantes franceses oscilam entre tornar a França uma espécie de referência geral e considerá-la como caso à parte.

Mas há também vários dados que levam a relativizar a leitura via nacionalismo. Em primeiro lugar, entre a multidão de grupos sobre os quais pesam a suspeita ou a acusação de serem "seitas", ocorrem vários cuja origem se situa na própria França. Nesse sentido, nota-se um claro contraste entre o momento inicial da luta contra as seitas e o final da década de 80. Enquanto no primeiro período, o destaque recai sobre grupos estrangeiros e bastante conhecidos pelo público em geral, no segundo, com a multiplicação do número de grupos, aparecem vários com origem local. Além disso, o duplo processo de enraizamento dos grupos estrangeiros e de proliferação dos grupos nativos tende a complicar a própria distinção externo/interno. E embora seja verdade que os grupos estrangeiros destacam-se como alvo de temores e de campanhas, não se pode dizer que todos os grupos locais sejam insignificantes. Durante a década de 90, um dos grupos mais visados foram os aumistas (Chevaliers du Lotus d'Or/Association du Vraja Triunphant), cujo guru era um cidadão francês e cuja sede se situava no sul do país. Dado que sua doutrina mesclava referências orientais com temas do esoterismo ocidental, dentro de um quadro aparentemente eclético, o caso até poderia ser tomado para confirmar o argumento do nacionalismo. Mas o que dizer das várias denúncias envolvendo grupos locais referidos ao catolicismo ao longo da década de 80? Observe-se ainda que um dos grupos que ganhou destaque ainda na década de 70, Les Trois Saint Coeurs, também com referências cristãs, surgira e atuara entre a França e a Bélgica. Enfim, as exceções são tantas que começamos a duvidar da existência da regra...

A própria regra também tem seus problemas. Tomemos o caso dos Testemunhas de Jeová, atacados por uma série de razões (regras de conduta, a estrutura centralizada, o proselitismo agressivo etc.). Têm procedência americana e se tornaram um dos grupos mais visados no combate às "seitas". Mas estão na França desde a década de 1940... Como explicar que grupos culturalmente mais estranhos, introduzidos bem posteriormente no país, não recebam tratamento tão duro? A evidência crucial, porém, vem da consideração de outra situação, a do islão. Apontado atualmente como a segunda religião na França, o islamismo desenvolveu-se de modo bastante complexo e diversificado. Suas características são dificilmente dissociáveis das feições que marcaram o crescimento e enraizamento de populações de origem muçulmana nas últimas décadas. Como as "seitas", o islamismo configurou-se como um "problema" na sociedade francesa e é mais do que evidente o enorme volume de energia despendido pelas autoridades para acompanhá-lo e redefini-lo. No campo mais especificamente religioso, as preocupações voltam-se para a organização dos grupos de culto, a legitimação de interlocutores para as autoridades públicas, a criação de condições capazes de atender especificidades e exigências religiosas (refeições, sepultamentos, rituais...). O interessante é que, considerada a gestão que o Estado francês vem dedicando em relação ao islamismo, ela alimenta estruturas e adota lógicas bastante distintas daquelas montadas para tratar do problema das "seitas". Em termos gerais, enquanto se procura banir ou isolar as "seitas", trata-se de enquadrar o islão dentro do que se concebe como "religião".[3] Eis aí uma diferença que o argumento do nacionalismo simplesmente não consegue contemplar.

Voltemos agora ao Brasil. Uma maneira de interpretar as características da Igreja Universal do Reino de Deus é vê-la como o exemplo mais acabado de uma nova forma de protestantismo – daí a recorrente e disseminada utilização da categoria "neopentecostalismo" para descrevê-la. Uma leitura possível do termo é enfatizar a relação positiva entre as feições da IURD e a cultura e a sociedade brasileiras, relação nele traduzida. Assim, fala-se, a propósito do neopentecostalismo, da assimilação de elementos presentes em outras vertentes da religiosidade brasileira, como as entidades da umbanda e a lógica sacramental católica. Fala-se também em uma adaptação do protestantismo às condições atuais da sociedade brasileira, como a organização empresarial da instituição e o incentivo ao enriquecimento pessoal (vazado na linguagem da "prosperidade"). Por outro lado, o êxito dessa nova modalidade de protestantismo poderia ser enfocado como a consolidação nesse segmento religioso de uma diversidade já presente nos demais. O êxito, nesse caso, remete tanto para o crescimento religioso da IURD (número de fiéis e de templos) quanto para sua expansão em direção a outras esferas sociais (mídia, política e as-

3. Em nenhuma outra circunstância a separação entre os dois "problemas" fica mais clara do que na ausência – em relatórios oficiais, reportagens e publicações militantes – de referências a qualquer "seita islâmica".

sistência social).[4] Ele também se expressaria, no entanto, por características que inovam em relação àquelas demonstradas pelas principais linhas do protestantismo no Brasil. Criar-se-ia assim uma situação análoga àquela engendrada seja no catolicismo, tensionado entre suas formas mais "oficiais" e mais "populares", seja nos cultos mediúnicos, verdadeiro caleidoscópio alimentado pelas referências dadas a partir (especial, mas não unicamente) de tradições de procedência africana e do espiritismo kardecista.

Há, no entanto, um elemento essencial à trajetória e à conformação da Igreja Universal do Reino de Deus que não aparece nesse quadro. Refiro-me à massa de acusações de que suas instituições, seus líderes, pastores e fiéis se tornaram objetos. Não se trata, evidentemente, de endossar o discurso da "perseguição" tão propalado pelos porta-vozes e aliados da IURD, nem de avaliar a existência ou não de fundamentos para as denúncias. Mas isso também não autoriza a desprezar a importância desse discurso na constituição da própria IURD, nem a desconsiderar o fato bem evidente de que a IURD foi efetivamente o alvo de muitas acusações. Essas acusações atingem vários facetas da atuação da IURD, abrangendo desde o que se passa nos templos, passando pela formação e organização do corpo sacerdotal e pela estrutura institucional, chegando até as atividades midiáticas e políticas. Elas partiram de vários pontos, com destaque, de um lado, para investigações policiais e processos judiciais e, de outro, para avaliações elaboradas por entidades do universo evangélico. O número de investigações é grande, cabendo a iniciativa ora a ex-fiéis ou dissidentes, ora a autoridades pertencentes a diversos aparatos estatais. Paralelamente, a IURD sempre atraiu desconfianças entre os próprios protestantes; em 1995, a Associação Evangélica Brasileira, entidade que à época contava com o apoio de um largo espectro do protestantismo brasileiro, divulgou um manifesto no qual recusa à IURD autenticidade protestante. Em termos gerais, a mídia

4. Sem dúvida, a IURD não está sozinha quando se trata de êxito. Afinal, as Assembléias de Deus continuam a manter à frente em termos do número de adeptos e de templos, possuindo uma presença mais capilar na sociedade brasileira. Mas a expansão da IURD se destaca pela velocidade com que ocorreu (a igreja foi criada em 1977) e pela influência que seu estilo de atuação (dentro e fora dos templos) passou a exercer sobre boa parte do campo pentecostal e mesmo evangélico.

contribuiu para dar ressonância a essas acusações, ao mesmo tempo em que se empenhou em alimentar as bases para denúncias e condenações. Talvez isso seja a principal das razões a explicar a imagem predominantemente negativa que a IURD goza entre a opinião pública.

O ponto crucial a ser considerado, em minha opinião, é exatamente essa conjunção entre o êxito religioso e institucional da IURD e a desaprovação que sofre por parte de vários segmentos sociais. Essa conjunção não é absolutamente algo novo na história religiosa brasileira. Em certo sentido, o processo que atinge de modo geral os pentecostais na segunda metade do século XX, e especificamente a IURD a partir do final da década de 80, dá continuidade àquele que envolveu os cultos mediúnicos em período anterior. Há, é claro, muitas diferenças, a começar pelo principal motivo das condenações, as atividades terapêuticas no momento mais antigo e a questão do dinheiro na relação entre fiéis e igreja no momento mais recente. Mas a composição entre uma certa legitimação social e a persistência de desconfianças e acusações constitui um elemento comum e constante.[5] Creio que isso nos obriga a qualificar a tolerância brasileira de uma forma tal que não a depure da dimensão do conflito e que se considere as condições que organizam as relações entre os vários componentes do campo religioso. A própria IURD aponta nessa direção, ao conjugar em si práticas passíveis de serem interpretadas como sincréticas e uma postura agressiva e beligerante diante de outras religiões. O pluralismo religioso brasileiro é pleno de tensões, que se expressam não apenas entre as próprias religiões, mas também entre cada uma delas ou o conjunto delas e outras esferas sociais. Enfim, se não temos "seitas" por aqui, nem associações e aparatos estatais específicos para combatê-las, isso não significa que certos grupos não causem apreensões e em função disso se tornem o alvo de discursos e intervenções em relação aos quais precisam se posicionar.

5. Ele talvez pudesse ser encontrado mesmo no universo católico, quando se lembra o destino de movimentos como os do Contestado e de Canudos e as tensões que presidem até hoje as devoções ao Padre Cícero. Sobre a história das acusações a cultos mediúnicos, ver, entre outros, Dantas (1988), Maggie (1992) e Giumbelli (1997).

3. Dispositivos e Resultantes

Quando me deparei com duas situações de controvérsia, adotei uma estratégia de análise que consiste em colocar em suspenso que elas ocorriam "no Brasil" e "na França". Foi isso, sobretudo, que me fez tomar distância de hipóteses do tipo daquelas aqui discutidas, associando França e nacionalismo, por um lado, Brasil e tolerância, por outro. Não significa, porém, que tenha desprezado contextos sociais e históricos e tampouco abandonado a pretensão de afirmar algo sobre cada uma dessas sociedades. Mas do modo como preferi trabalhar, "Brasil" e "França" apareceriam ao longo da análise. Meu ponto de partida foram exatamente as controvérsias acerca das "seitas" na França e da Igreja Universal do Reino de Deus no Brasil: quem participava delas de maneira mais significativa e que argumentos acionava? Discursos e intervenções por parte dessas personagens tinham suas implicações, e foi preciso considerá-las a partir da lógica específica de cada um dos focos de enunciação como também em função das resultantes gerais obtidas, incluindo aí a participação dos próprios grupos alvejados. Dessa forma, cada uma das controvérsias revelava certos dispositivos, cujo funcionamento articulava determinados argumentos a determinados efeitos sociais. Chegava-se assim a uma configuração capaz de dar conta dos contornos e dos resultados gerais das controvérsias. Sugiro que podemos ressituar o componente nacionalista no caso francês e repensar a tolerância brasileira a partir da consideração desses dispositivos e dessas configurações.

Em se tratando da França, a conclusão a que cheguei é que as várias personagens que participam da controvérsia estão articuladas por um dispositivo encompassador. Esse dispositivo centra-se na identificação de "seitas". Para tanto, o mais importante não consiste em chegar a uma definição categórica ou sistemática acerca do que seja "seita", mas construir os mecanismos mediante os quais um grupo específico pode ser rotulado como tal. Daí a proliferação, virtual ou real, de "listas": apenas em tese as "seitas" existem em abstrato; na prática, são casos concretos que provam a sua materialidade, e uma coisa não existiria sem a outra. Penso que a lógica se aproxima bastante daquela que nós, antropólogos, acostumamos a associar a crenças e acusações de feitiçaria. Trata-se de uma lógica totalizante: não apenas articula uma diversidade de segmentos sociais (aparatos estatais, associações anti-seitas, mídia, entidades religiosas, intelectuais, além dos próprios grupos acusados), como submete essa diversidade às possibilidades restritas contidas no jogo de acusações. A "seita" é sempre um lugar atribuído: não apenas porque nenhum grupo se dispõe a ocupá-lo, mas também porque caracterizar o adversário como uma "seita" é o objetivo supremo do jogo. O que se assiste é uma guerra de discursos: não apenas devido ao fato de que geralmente se dá mais importância ao que se diz do que ao que se faz, mas especialmente em razão de que as coisas que acontecem (e acontecem muitas coisas com os adeptos desses grupos tidos como "seitas") estão sempre remetidas a uma identidade genérica e transcendente – uma pessoa pode ter piorado seu estado de saúde ao recorrer às práticas de um certo grupo; na controvérsia, o que se discute é se isso prova ou não que se trata de uma "seita".

Como a categoria "seita" nunca é assumida por grupo algum, o que se tem sempre é um jogo de forças. Enquanto o grupo em questão procura por vários meios fugir à acusação, os acusadores desenvolvem uma estratégia que consiste em cortar os laços que vinculam a suposta "seita" a determinados universos sociais. O que se pretende é "desmascarar": demonstrar que um grupo que se apresenta de certo modo é, na verdade, outra coisa. Nesse sentido, toda acusação que mobiliza a categoria "seita" representa a denúncia de um híbrido social e, por conseguinte, a reiteração da existência de fronteiras que definem os diferentes domínios sociais. E nenhuma esfera recebe maior atenção na controvérsia acerca das "seitas" do que a religiosa. Uma das razões para isso é certamente o fato de que a maioria dos grupos suspeitos ou denunciados como "seitas" apresentam-se como "religiosos". Quando dirigida a um grupo com essa característica, a acusação esforça-se por revelar ora a presença de elementos que pertencem a outras esferas sociais (práticas terapêuticas, por exemplo), ora modos de relação entre o grupo e os fiéis só aceitáveis em outras instituições sociais (como a família ou a escola). Inversamente, quando o grupo alvejado não faz ele mesmo apelo a uma identidade religiosa (empresa, terapia, militância política ou ecológica etc.), a acusação dedica-se a mostrar o quanto nele há de "religioso" (crenças irracionais, práticas rituais, hierarquias sacerdotais). Sendo assim, compreende-se que uma das principais implicações das controvérsias sobre as "seitas" na França é um estímulo aos mecanismos de regulação correspondentes às diversas esferas sociais, no sentido de garantir a adequação dos elementos que nelas estão inseridos.

Comparativamente, o que encontramos na controvérsia que se desenvolve no Brasil acerca da IURD é a ausência de um dispositivo geral que articule todas as personagens envolvidas. Ainda que a mídia sirva como instância integradora, ela não se confunde com e nem reduz a autonomia das outras arenas nas quais a controversa se desenrola. Se deixamos de lado as elaborações que se fazem no universo intelectual (reunindo religiosos e acadêmicos), ele também autônomo em relação aos demais, seriam duas as principais arenas.[6] De um lado, uma arena jurídica, na qual se destaca a acusação de estelionato (apropriação de patrimônio alheio mediante ardil) e que, na visão dos acusadores, destina-se a negar legitimidade às práticas supostamente "religiosas" da IURD. Embora a IURD tenha sido denunciada com base em muitos dispositivos legais, é essa a acusação que serviu para enquadrar o que se passa em seus templos e para dar conta da relação entre práticas e doutrinas. De outro lado, uma arena religiosa, circunscrita pela disputa envolvendo algumas entidades que pretendem representar os "evangélicos" no Brasil ou, ao menos, estabelecer elementos que possam contribuir para defini-los e delimitá-los. Foi nessa arena que a Associação Evangélica Brasileira questionou a autenticidade protestante da IURD. O interessante é que o ponto que provocou as acusações judiciais e as acusações religiosas revelou-se o mesmo: os pedidos de dinheiro que os pastores da IURD fazem aos seus fiéis e a relação estabelecida entre essas doações e o ideário religioso. Ou seja, embora não exista um dispositivo único, ocorre um certo consenso em torno daquilo que, nas atividades da IURD, se mostra socialmente perturbador.

Mas uma coisa são as acusações, com seus argumentos específicos e seu alvo comum, que se fizeram à IURD a partir dessas duas principais arenas; outra são os resultados desses esforços. E quando se observa os resultados, o que se nota é a falta

---

6. Sobre as elaborações na arena intelectual, ver Giumbelli (2001). Nesse texto, minha análise se centra sobre as terminologias e classificações aplicadas ao universo pentecostal e protestante no Brasil.

de êxito dessas investidas: a IURD até hoje não chegou a ser condenada judicialmente por suas práticas de culto e nem deixou de fazer parte do universo protestante brasileiro. Isso trouxe conseqüências importantes em cada uma das arenas consideradas. Do lado jurídico, ainda que os mesmos juízes que absolviam a IURD das acusações de estelionato não deixassem de expressar seu incômodo com as práticas dos pastores, não se constituiu nenhum debate efetivo acerca de alternativas legais mais adequadas para enquadrar o que haveria de ilegítimo nos cultos da IURD. O que se viu, dependendo das circunstâncias e das conjunturas, foram algumas investidas que buscaram penalizar a IURD por supostas irregularidades em outras esferas, notadamente a fiscal e patrimonial. Do lado religioso, assistiu-se a bancarrota da Associação Evangélica Brasileira, que teve a partir de 1996 sua força bastante reduzida, sem sua substituição por outra entidade com natureza equivalente, isto é, a representação do protestantismo brasileiro atrelada a uma lógica associativa. Na verdade, é a própria IURD que vai reivindicar essa função representativa, não a partir de uma delegação, mas por uma atuação social (política, mídia, projetos assistenciais) que se coloca em nome dos "interesses evangélicos".

Quais as implicações desse duplo fracasso das acusações nos planos jurídico e religioso? Concepções menos definidas e menos restritas em se tratando tanto de "protestantismo" quanto de "religião". Para detalhar a idéia, restrinjo-me à segunda e mais geral dessas categorias. Ao persistir com as práticas que incomodaram seus acusadores, mantendo-as livres de condenações judiciais (o que não significa o mesmo que ganhar uma aprovação), o que a IURD vem conseguindo é fazer passar por "religião" algo que, para muitos, significa a sua perversão. A pedra de toque, como vimos, é a questão do dinheiro, que para os acusadores da IURD aparece como um elemento essencial de suas doutrinas e de seus rituais. Continuando a ser esta a visão socialmente predominante, é como se houvesse uma "religião" que tivesse introjetado elementos e lógicas pertencentes ao domínio econômico, no qual lucro e organização empresarial têm pleno sentido. Perversão análoga poderia ser encontrada do lado da esfera econômica, quando se observa a consolidação e sofisticação de um segmento de "produtos religiosos" (CDs, livros, camisetas, adesivos etc.), colocando redes de manufatura, distribuição e consumo a serviço de exigências e referências religiosas. O argumento, note-se bem, não afirma que o religioso se impõe ao econômico, ou vice-versa, mas que esses domínios se interpenetram e que entre eles não se impõe uma fronteira clara.

Percebe-se sem dificuldade que se constrói aqui uma nova oposição entre o que ocorre na França e no Brasil. Enquanto lá a controvérsia acerca das "seitas" produz um reforço dos mecanismos e das definições que estabelecem fronteiras entre domínios sociais, por aqui a controvérsia a propósito da IURD aponta na direção inversa, revelando e aprofundando a porosidade dos domínios. Note-se, no entanto, que não se trata de uma oposição propriamente entre Brasil e França, mas sim entre dispositivos e as implicações de seu acionamento. Daí se poder afirmar que, no caso das "seitas", o nacionalismo não seria senão um dos argumentos que movimenta um dispositivo destinado a localizar e banir híbridos sociais; a tolerância, no caso da IURD, não expressa aprovação ou legitimidade, mas deriva da falha dos mecanismos acionados para lidar com elementos percebidos como socialmente perturbadores. Ao invés de resumirmos esse novo contraste em uma fórmula que reposiciona uma assimetria entre êxito e fracasso, consideremos a seguinte possibilidade: pode ser que o dispositivo que parece funcionar tão bem na França acabe também revelando aquilo que pretende banir e pode ser que as falhas nos mecanismos acionados no Brasil estejam a serviço de uma lógica positiva mas ainda oculta. É nessa direção que prosseguirá o texto. Mas, antes, não posso deixar de assinalar que o contraste surgido através dessa análise, em certo sentido, subverte imagens que associamos a um e outro "caráter nacional". Afinal, podemos ter encontrado a feitiçaria onde supúnhamos que só houvesse racionalismo, com suas idéias claras e distintas, e conseguimos falar de religião no Brasil contornando o catolicismo e seu manto que parece tudo abranger e confundir.

4. Mais Simetria, Mais Diferença, Mais Semelhança

Como reintroduzir o tema da globalização na continuidade dessa discussão? Afastemos uma primeira alternativa, apenas para retomá-la mais adiante. Refiro-me à possibilidade de atribuir à globalização – ou a algo que o valha – a semelhança quanto às situações empíricas com que me defrontei no Brasil e na França. É verdade que, como foi mencionado, os grupos mais visados na França também sofreram acusações no Brasil e que na França, onde a IURD possui templos, ela aparece elencada entre as "seitas". É igualmente verdade que algumas personagens se repetem aqui e lá na controvérsia. Se procurarmos, vamos até encontrar convergências no plano dos argumentos utilizados para acusar as "seitas" na França e a IURD no Brasil. Mas, em minha visão, todos esses pontos são secundários e mesmo periféricos. E provavelmente apenas parte deles pode ter relação com globalização. De modo geral, penso que seria uma estratégia bastante equivocada basear a comparação na descoberta de elementos que, presentes em ambas as controvérsias, seriam comuns ou idênticos. Parece-me que o fundamental, depois de notada a ocorrência das controvérsias, consiste em perceber quais são suas características estruturantes e em situar cada um de seus elementos em função dessa configuração geral. Daí a escolha por objetos em certa medida distintos: a "controvérsia sobre as seitas na França" e a "controvérsia sobre a IURD no Brasil", e de um modo que fez pouco me importar com as "seitas" no Brasil e com a IURD na França. É que eram objetos diferenciados que me permitiam formular perguntas semelhantes nos dois casos, perguntas que tocam nas definições sociais de religião.

Prefiro associar a globalização, em uma primeira evocação, à construção da perspectiva que me permitiu realizar a própria comparação. A questão, nesse caso, nada tem a ver com a idéia da comparação, idéia totalmente consagrada na antropologia. Ela é suscitada pelos termos da comparação, Brasil e França. Pois entre Brasil e França não há meramente uma diferença. Há também uma assimetria: a França representa para o Brasil uma espécie de manancial, tanto no campo mais geral por sua influência "civilizatória" (ideiais de sociedade e de política), quanto em um campo mais específico, as referências presentes na formação dos cientistas sociais (Durkheim, Lévi-Strauss, Bourdieu, Foucault etc.). Diante desse quadro, pesquisar a França saindo do Brasil e ao mesmo tempo manter a proposta de comparação demanda a construção de uma perspectiva simétrica. Em outras palavras, uma perspectiva que possibilitasse tratar França e Brasil a partir das mesmas exigências e condições analíticas e que os convertesse efetivamente em palcos equivalentes nos quais processos e situações distintas se deixassem observar considerando variáveis e elementos semelhantes. Isso, portanto, não significa eludir diferenças (não só aquelas entre França e Brasil, mas também aquelas decorrentes dos lugares desiguais que um e outro ocupam no mundo), mas sim evitar de considerá-las como essenciais – como algo que precede a própria análise.

Construir uma perspectiva simétrica exigia bem mais do que analisar controvérsias. Dado que o objetivo dessa análise era chegar às definições sociais do "religioso" no Brasil e na França, era necessário recorrer a conceitos e noções que viabilizassem o tratamento das relações entre Estado, sociedade e religião. A maneira que me pareceu a mais interessante para cumprir essa exigência foi repensar as relações entre modernidade e religião. Segundo as concepções dominantes, a modernidade teria transformado a religião em uma esfera social como qualquer outra, deixando-a aos próprios cuidados e ao mesmo tempo interrompendo os canais de sua influência sobre as demais esferas sociais. No entanto, quando observamos alguns dos principais referenciais da cosmovisão moderna, o que se percebe é uma concepção do religioso que o define exatamente por sua oposição ao moderno. Embora poucas vezes tenha se chegado a projetos de extermínio ou a profecias de desaparecimento completo da religião, a idéia de que a religião é anterior e oposta à modernidade ganhou crédito extenso. Ou seja, não se trataria de uma esfera social como qualquer outra e, por isso mesmo, a relativa autonomia de que goza deve ser, por assim dizer, contrabalançada por mecanismos que buscam garantir as fronteiras que estabelecem os diversos campos sociais.[7] A noção que resume essa idéia é a de regulação do religioso nas sociedades modernas. Se nos referimos ao plano estatal, pode-se dizer que mesmo o princípio de separação Estado/Igreja, um dos pilares da modernidade, não representa senão uma modalidade de relação entre sociedade e religião. Sendo assim, a tarefa consiste em buscar, em vários níveis, os mecanismos e dispositivos que concretizam essa relação, tomando-se as controvérsias recentes como reveladores.

Portanto, analisar as controvérsias sobre as "seitas" na França e sobre a IURD no Brasil significa ao mesmo tempo colocar em prática essa perspectiva simétrica e

7. Peter Beyer (1994, 1998) é outro autor que pensa o lugar da religião na contemporaneidade considerando-a sua definição enquanto esfera social em relação a outras.

descobrir diferenças que distinguem as duas situações. A oposição entre um dispositivo que funciona no sentido de garantir a delimitação do religioso e uma resultante que demonstra uma dispersão do religioso procura retratar essas diferenças em um plano mais geral. Mas ao longo da análise, várias outras diferenças apareceram. Na França, existem uma série de disposições e marcas institucionais que demonstram o quanto a "religião" é uma categoria oficial. Por exemplo, na estrutura do Ministério do Interior insere-se o Setor Central de Cultos; no mesmo ministério, junto ao próprio titular da pasta há um assessor para assuntos religiosos. Além disso, o Estado francês possui patrimônios religiosos e mantém organismos consultivos de que participam representantes religiosos, assim como abre espaço na rede estatal de TV para programas confessionais. E é importante mencionar que existem categorias jurídicas que permitem singularizar as instituições religiosas, tornando-as modalidades especiais de associações civis: as "associações de culto" e as "congregações". A situação do Brasil é bem distinta. Apesar de serem evidentes os exemplos de presença das religiões em espaços e instituições públicas, essa presença é pouco formalizada ou regulamentada. Também não existem órgãos estatais cuja função se defina por questões religiosas e tampouco categorias jurídicas que distingam as igrejas e instituições de culto.

Entender essas diferenças impeliu a um mergulho na história – especificamente, no modo como França e Brasil realizaram e encaminharam o processo de separação jurídica entre Estado e igrejas. Embora esse processo não esteja concentrado em um único momento histórico, pode-se considerar os marcos fundamentais: a proclamação da República no Brasil e a lei de cultos de 1905 na França. Na França, essa lei instaura um regime que encerra outro, caracterizado pela existência de quatro "cultos reconhecidos" (catolicismo, luteranismo, calvinismo, judaísmo). A lei de 1905 prevê a autonomização das instituições voltadas para o culto religioso, estabelecendo para tanto a figura jurídica das "associações de culto", um tipo específico de associação civil sem fins lucrativos. Logo depois o regime foi flexibilizado, permitindo-se que uma instituição religiosa ganhasse personalidade jurídica registrando-se genericamente como associação civil. Mas manteve-se a categoria das "associações de culto", as quais, em relação às associações em geral, gozavam de algumas vantagens fiscais e financeiras, estando-lhes em contrapartida vedada a subvenção pública direta. No Brasil, a lei que estabeleceu a separação entre Estado e Igreja Católica, reiterada a seguir pela Constituição de 1891, é, na verdade, um conjunto de princípios: de um lado, extinção do regime de religião oficial; de outro, autonomia e isonomia das instituições religiosas. Discussões jurídicas posteriores é que definiram o modelo que seria seguido. Sua principal característica é o fato de que a tentativa de regulamentar os quadros jurídicos aplicáveis às instituições religiosas se converteu em uma legislação dirigida ao universo geral das associações sem fins lucrativos. Esse modelo foi proposto por uma lei federal de 1893 e consagrado pelo Código Civil de 1917, determinando que as instituições religiosas não possuem um estatuto jurídico diferenciado em relação ao conjunto das associações civis.[8]

É possível interpretar as situações recentes na França e no Brasil como extensões, e em certo sentido radicalizações, desses modelos historicamente estabelecidos. Antes de fazê-lo, é importante salientar um outro plano da distinção derivada das condições históricas que definiram a separação Estado/Igreja nos dois casos. Analisados em seu conjunto, ambos os corpos legislativos em lugar algum definem o que seria "religião"; tomava-se implicitamente como padrão as organizações eclesiais com as quais o Estado mantinha anteriormente relações. Mas na França o regime de separação instaura-se a partir de um sistema anterior no qual o Estado, ao "reconhecer" diversos cultos, organizara o pluralismo. Já no Brasil, a relação privilegiada e única do Estado imperial com a Igreja Católica criava uma descontinuidade forte com o restante das correntes religiosas (e lembremos que a segunda metade do século XIX é um momento importante na pluralização explícita do campo religioso). Assim, enquanto na França a instituição do regime das "associações de culto" se faz tendo como precedente um pluralismo delimitado, no Brasil o desenrolar da instituição da separação entre Estado e religião teve como referência praticamente única a Igreja Católica. Aliás, foram os interesses da Igreja Católica em garantir o máximo de liberdade para si que frustaram os planos de que o Estado mantivesse certas prerrogativas em relação às instituições religiosas.

8. Para maiores detalhes sobre esses processos históricos, consultar Giumbelli (2002).

O que marca a situação contemporânea, em ambos os países, é exatamente um clima de contestação e de questionamento acerca dos limites, do estatuto e da definição do "religioso". Diante disso, assistimos na França a um movimento de reforço dos mecanismos de delimitação do religioso, algo que se realiza sobretudo pelo esforço sistemático de vedar às "seitas" a condição de "associações de culto". Converte-se o que era meramente uma vantagem fiscal ou financeira em um instrumento de reconhecimento oficial de "religiões". Enquanto que no Brasil, a existência de fato de "religiões" concebidas de um modo que as assimila a elementos e lógicas mercantis significa que mesmo o limite que as situava no universo genérico das associações civis (ou seja, a ausência de fins lucrativos) foi ultrapassado. Se vemos a situação atual dos dois países dessa maneira, creio que se elimina o risco de uma assimetria essencial: tanto França quanto Brasil, de formas próprias e específicas, mantêm-se fiéis aos modelos que correspondem a soluções que cada uma das sociedades encontrou para enquadrar juridicamente as instituições religiosas.

No entanto, a mesma análise leva a perceber que, a partir de pontos de origem, de mecanismos e de configurações gerais bem distintos, existem, em uma e outra situação, processos que remetem exatamente para o oposto do vetor dominante. Assim, no Brasil, a radicalização da dispersão do religioso traz consigo múltiplas manifestações que convergem no sentido de demandar uma delimitação do mesmo religioso. Movimentações nos órgãos encarregados da política fiscal manifestando atenção pelo assunto, reportagens constatando a "facilidade" com que são criadas instituições religiosas e intelectuais lamentando o "excesso de liberdade religiosa" – são todos indicativos da existência daquela demanda. A propósito da "liberdade religiosa", aliás, não se pode deixar de notar que se trata de tema levantado especialmente pelos próprios evangélicos, e especialmente pelos porta-vozes e aliados da Igreja Universal do Reino de Deus. Referindo-se às acusações e às avaliações predominantemente negativas a seu respeito, evangélicos têm protestado contra seu lugar subalterno no espaço público e contra os privilégios detidos pela Igreja Católica. Reclamam assim por uma "maior liberdade religiosa" e em nome dela intensificam sua presença em esferas como a mídia, a política partidária e a assistência social. Nisso há pelo menos dois paradoxos. O primeiro é que a liberdade religiosa seja invocada para justificar a incursão por domínios não religiosos. O segundo é que, ao se referir à "liberdade religiosa", os evangélicos alimentam as demandas por uma delimitação mais precisa acerca do que constitui essa "religião" dotada de "liberdade".

Quanto à França, o movimento no sentido de uma dispersão do religioso é, aliás, um dos aspectos mais reiterados na literatura sociológica local. Em seu texto, Champion e Hourmant (1999) esboçam um quadro que se compõe, de um lado, da fragilização do vínculo entre sociedade francesa e catolicismo e, de outro, do que se referem como borramentos e transbordamentos do religioso "clássico". Segundo eles, a meta da transformação de si, a aceitação do mundo moderno e a incorporação da lógica capitalista – traços presentes em vários dos grupos incluídos entre os "novos movimentos religiosos" existentes na França contemporânea – se contrapõem às marcas da concepção "clássica" de religião, predominantemente ética e orientada pela recusa do mundo. Hervieu-Léger (1999), de sua parte, aponta para a proliferação de grupos que se reivindicam "religiosos" sem ter como referência sistemas institucionalmente validados. Entrariam aí tanto grupos referidos a religiões tradicionais organizados em formato comunitário, quanto grupos que constituem a "nebulosa místico-esotérica" que cultivam outros referenciais. Apesar das diferenças quanto à organização e ao regime de verdade, ambos os movimentos revelariam uma "crise generalizada dos dispositivos institucionais de validação do crer". Assim, enquanto Hervieu-Léger trata da "desinstitucionalização", Champion e Hourmant referem-se à "desregulação" do religioso. Ainda que se possa, na minha opinião, criticar a unilateralidade dessa avaliação (pois a controvérsia sobre as seitas é considerada sob uma ótica que minimiza os impulsos regulatórios nela manifestos), os dados que trazem e as análises que produzem deixam evidentes a existência de uma dispersão do religioso também na França.

A França tem algo do Brasil e o Brasil tem algo da França. E aí sim talvez possamos reintroduzir o tema da globalização, considerando certos movimentos que se manifestam em sentidos inversos quando tomamos uma vez mais as duas situações. Nesse caso, novamente Brasil e França se defrontam em posições opostas. Na França, como se notou, as "seitas" que motivam as maiores reações são grupos cuja origem está no estrangeiro, o mesmo podendo ser afirmado acerca do islão. No Brasil, o grupo que causa a grande controvérsia não apenas tem origem local, mas marca sua atuação por um projeto de expansão internacional. A IURD está já há alguns anos presente em dezenas de países, inclusive na França, onde possui templos em Paris e Marselha. Afirmar, acerca dessa configuração, que a França constitui uma força antiglobalização e que o Brasil constitui uma força pró-globalização talvez não seja a interpretação mais interessante. As coisas são mais complicadas e podemos enxergar aí algo como a face de Jano da globalização. Refiro-me à tensão entre fluxos e fronteiras, uma vez que a globalização produz ambas as coisas, seja no plano econômico (a circulação de mercadorias estimulando a formação de novos blocos e barreiras), seja no plano social (a circulação de pessoas estimulando o enrijecimento de políticas imigratórias). Considerando a análise precedente, é possível opor o predomínio dos fluxos no Brasil e o das fronteiras na França; enquanto aqui o que se observa é a circulação de elementos entre várias esferas sociais, lá são exatamente os limites dessas esferas que se procura garantir.

Mas é preciso em seguida contrabalançar essa constatação com pelo menos duas outras. A observação do modo como se processa a expansão internacional da IURD revela que seu êxito é desigual e que, aparentemente, ele é maior entre países periféricos e entre populações marginais de países centrais. É o que se pode depreender da penetração significativa da IURD em certos países africanos e latino-americanos (além de Portugal, periférico em relação à Europa); em contrapartida, na França e em outros países europeus, entre os poucos adeptos da IURD predominam os imigrantes. Isso remete a uma característica da IURD no próprio país de origem, já que também no Brasil é entre os pobres (segundo critérios sócioeconômicos) que a igreja conquista o maior contingente de adeptos. Trata-se, aliás, de um tema forte na imagem que se constrói nas acusações dirigidas à IURD, uma vez que carência material e baixa instrução tornam-se explicações da credulidade que tanto favorece os pastores em suas manobras para tirar dinheiro dos fiéis. Nas reportagens, essa caracterização traça uma verdadeira linha entre os fiéis pentecostais e os leitores dos jornais. Em contraste, os relatos sobre as "seitas" na França enfatizam a idéia de que todos, sem exceção, estão à mercê de suas artimanhas. Daí a necessidade de campanhas amplas e universais acerca do perigo representado pelas "seitas".[9] Note-se então que, desse ângulo, é sobre a IURD que se desenham as fronteiras, enquanto que as "seitas" são representadas como ameaças que atingem todo mundo e o mundo todo.

Somos assim levados a outra constatação. Mesmo considerando o componente nacionalista da vigorosa luta anti-seitas e mesmo considerando os fortes vetores de homogeneidade cultural e referência estatocêntrica na França, esse país, quando comparado com o Brasil, revela um panorama mais pluralista. Evidentemente, medir "pluralismo" não é algo simples ou que vá sem questionamentos à própria proposição. Aponto meramente para o fato de que na França atual o panorama religioso cobre um espectro de referências que recorta muitas possibilidades e, sobretudo, diversas origens. Nesse sentido, e apesar dos esforços aplicados dos militantes e profissionais anti-seitas, o panorama religioso francês é bastante globalizado. E, nesse ponto, é preciso deixar de ver no movimento anti-seitas uma simples força de oposição. Primeiro, porque órgãos interministeriais e associações anti-seitas, na medida em que necessitam em sua ação de luta se movimentar entre diversas esferas, constituem híbridos sociais análogos às "seitas" que procuram combater. Além disso, exatamente porque a origem estrangeira de muitos grupos é denunciada e registrada, alimenta-se a constituição de redes entre os movimentos anti-seitas de vários países e a circulação de argumentos e informações antes restritos a contextos locais. Por ambos os motivos, o próprio combate às seitas cultiva traços que se associam diretamente aos fluxos e movimentos que a globalização promove.

5. Por uma Globalização da Possibilidade de Ver

Otávio Velho chamou a atenção para os riscos de uma atitude basicamente reativa para a qual tendem os antropólogos quando o assunto é globalização

9. A posição marginal da IURD entre as "seitas" na França está em parte relacionada ao seu público predominante. Procurando explicar porque não se tinha muitos registros sobre a IURD, um militante de uma associação anti-seitas disse-me que seus adeptos eram imigrantes e seus descendentes.

(Velho 1997). É verdade que a própria noção evoca mais imeditamente a idéia de uma homogeneização, vendo-se a antropologia provocada na sua vocação de captar e defender a diferença. Colocando-se em uma perspectiva que recusa o debate nesses termos, O. Velho sugere que a globalização, que ganharia em ser tratada como um mito com seus efeitos de verdade, ofereceria uma boa oportunidade para reconfigurar a própria relação entre semelhança e diferença. Nesse sentido, vale recuperar o argumento de Lévi-Strauss em "Raça e História", quando considera que homogeneização e heterogeneização são, em qualquer tempo e lugar, processos necessariamente concomitantes (Lévi-Strauss 1975). O desafio está justamente em se colocar na posição mais apropriada para perceber essa concomitância e as formas da sua ocorrência. Tal perspectiva, penso eu, só pode ser atingida se estivermos munidos de uma dupla precaução: desconfiemos da semelhança, como estamos, por nossa formação de antropólogos, acostumados a fazer, mas também desconfiemos da diferença se acharmos que, por razões que não podemos explicar, "ela já estava lá". É o jogo entre semelhanças e diferenças, sempre relacional e nunca estabilizado, que é preciso captar, jogo que se desenrola tanto no plano do olhar quanto no plano da realidade, e que os torna indissociáveis.

Procurei, no que apresentei anteriormente, demonstrar que se em certos aspectos França e Brasil, quando se analisa a controvérsia sobre as "seitas" e sobre a IURD, afirmam suas diferenças, em outros aspectos a mesma análise pode revelar que as situações se assemelham. Outra forma de explorar a mesma perspectiva é tentar trazer à tona dimensões menos evidentes da relação entre religião e sociedade em ambos os países. Assim, no Brasil fala-se de uma certa "indigenização" do protestantismo – no sentido de sua assimilação de elementos que remetem a tradições e lógicas religiosas mais arraigadas no Brasil –, processo que teria como expressão maior uma igreja como a IURD. No entanto, é igualmente plausível apontar a IURD como uma espécie de antena religiosa da globalização, na medida em que ela capta e busca implantar traços que percorrem circuitos bem mais amplos do que os nacionais – daí não ser difícil encontrar afinidades entre as práticas e ideários da IURD e movimentos religiosos presentes em outras partes do mundo. No caso da França, o panorama que se apresenta mais imediatamente, considerando tanto as "seitas" quanto o islão, parece retratar as reações de uma nação contra grupos vistos como invasores. Nesse sentido, tais grupos evidenciariam a ação de forças globalizantes e a resistência que se lhes opõe. Ao mesmo tempo, não se pode entender a própria feição que esses grupos assumem sem levar em conta as tais reações, as quais, por sua vez, remetem aos modos pelos quais a nação se configura e se pensa a si mesma.

As semelhanças se expressam distintamente e as diferenças fazem ressurgir aproximações. Essa perspectiva pode ainda ser exercitada quando observamos os fluxos e acomodações de outra corrente religiosa que coloca em relação França e Brasil. Refiro-me ao espiritismo, tal como foi concebido na segunda metade do século XIX. Nesse momento, o Brasil aparece em relação à França na posição de "consumidor", como ilustra a assimilação do espiritismo, que se difunde aqui a partir da elaboração kardecista (referente a Allan Kardec, pseudônimo de um pedagogo francês) e que deve parte de seu prestígio imediato exatamente à sua origem. Em seguida, no Brasil, o espiritismo se desenvolve como movimento institucionalizado e também como matriz religiosa, ficando associado com um universo considerável de fiéis, personalidades, organizações e tornando-se crucial na configuração do campo religioso brasileiro. Já na França, o espiritismo regrediu para uma posição claramente marginal e inexpressiva em relação ao campo religioso. Mais do que isso: ocorre uma percepção generalizada de que o espiritismo é na atualidade mais brasileiro que francês, de tal modo que os adeptos franceses passaram a atentar para seus congêneres brasileiros em busca de inspiração (Aubrée e Laplantine 1990).

Na segunda metade do século XIX, o Brasil não "importou" apenas o espiritismo da França. À mesma época, foram implantadas várias medidas laicizantes na França acompanhadas daqui pelos republicanos brasileiros. Rui Barbosa, que foi um dos principais condutores e interessados no processo de separação entre Igreja e Estado, repetidas vezes salientou que o Brasil deveria seguir o exemplo dos Estados Unidos. Mas não porque a França não estivesse em vista e sim porque, nos tempos da Terceira República, a política anticlerical era considerada radical. Os princípios gerais eram os mesmos, consistindo em desatrelar o Estado da religião e em conceder às instituições religiosas autonomia e isonomia de condições. Apesar disso, viu-se como no Brasil se desenvolveu um modelo de enquadramento jurídico do religioso bem distinto daquele adotado na França. E, com o benefício de uma visada histórica, percebe-se que hoje o ordenamento francês, originalmente imaginado para desvincular a religião do Estado, serve a procedimentos que resultam em atribuir ao mesmo Estado a prerrogativa de "reconhecer" ou não um grupo como "religioso". Se quisermos tirar as melhores conseqüências disso, devemos admitir que o fato de um país ser a matriz desse modelo de separação não lhe garante preeminência quanto às formas de atualização do modelo.

O mesmo pode ser afirmado em relação ao campo propriamente religioso. Notemos, antes de mais nada, que nesse caso, se continuamos a considerar o par Brasil e França, constatamos uma inversão de posições que ficaram consagradas no passado. De "importador" o Brasil passou a "exportador" de religiões. Em várias regiões do globo, incluindo a França, estão presentes igrejas pentecostais e empreendimentos missionários de origem brasileira. Lembremos também da expansão internacional dos cultos afro-brasileiros, impulsionada por deslocamentos humanos e pela internet. E algo semelhante aplica-se ao catolicismo, se considerarmos a importância que passam a ter os países periféricos, Brasil inclusive, na geopolítica eclesial – por seu número de fiéis, pelo peso de sua presença nas diversas sociedades, pelo reconhecimento conquistado como fonte de elaborações teológicas. O mais interessante é contemplar exatamente o efeito dessas inversões em se tratando de "importação" e "exportação" de religiões. Note-se, primeiramente, que a inversão dessas condições não veio acompanhada de uma quebra da assimetria mais geral que, nos planos político, econômico e inclusive cultural, persiste entre países como Brasil e França. Além disso, a "produção" e o "consumo" de religiões envolvem outros fatores, o que torna cada panorama nacional a resultante de forças que cruzam múltiplas referências, e sobre várias delas o menos importante é determinar se correspondem a algo "interno" ou "externo".

No plano das situações etnográficas, oscilamos entre duas impressões: a da diferença, pois não deixamos de sentir o estranhamento e mesmo o choque decorrentes do impacto que toda uma síntese histórica e social podem ter no cotidiano e no atual; e a da semelhança, pois reconhecemos os mesmos elementos presentes na situação que estudamos e na situação em que vivemos. Essas impressões talvez sejam exatamente a tradução, em termos etnográficos e experienciais, da idéia de que, com a globalização (entendida como termo que expressa o momento histórico atual, da mesma forma que o termo colonialismo serviu para expressá-lo em outros tempos), nos tornamos simultaneamente mais semelhantes e mais diferentes. Lidar com essa reconfiguração de semelhanças e diferenças requer, por sua vez, o questionamento de modelos que muitas vezes nos servem de referência para a análise. Assim, se França e Brasil devem ser considerados como formas equivalentes de atualização de um modelo de separação Estado/igrejas, é a própria noção de modernidade que precisa ser pensada na mesma direção – ou seja, por meio de suas múltiplas atualizações. Quanto ao campo religioso, o fato de que "dentro" e "fora" – em relação às fronteiras nacionais – apareçam como dimensões sempre discutíveis e reconfiguradas, tal como demonstram as inúmeras possibilidades de leitura diante de qualquer panorama, significa que a própria idéia de nação deva fazer parte da observação. Ou seja, não é ela que molda as fronteiras; sem deixar de existir, ela é também transformada pelos fluxos e acomodações entre "dentro" e "fora".

Creio que reconhecer semelhanças e diferenças – e sem precisar supor uma fórmula única para sua articulação –, pluralizar a noção de modernidade e ponderar a idéia de nação são maneiras possíveis de estabelecer uma perspectiva simétrica. A simetria, é preciso dizer, não se constrói apenas no plano da perspectiva. Ela inclui a exigência de uma circulação dos próprios observadores. Espera-se que se torne menos rara a viagem de antropólogos de países periféricos para países centrais que para lá vão não apenas em busca de formação, mas também com o projeto de tomar seus hospedeiros como objetos de estudo. No entanto, para que isso venha a acontecer de maneira substancial e com força para suplantar obstáculos de várias ordens, a construção de uma perspectiva simétrica é crucial. Pois é possível exercitá-la mesmo quando, por opção ou pela falta dela, ficamos em casa. Removidas as assimetrias do olhar e garantidas as condições para que as diferentes situações sejam tratadas a partir das mesmas exigências analíticas, "dentro" e "fora" já não terão tanta importância – e por isso mesmo o caminho entre eles se tornará mais facilmente transitável. Enfim, não basta que possamos circular pelo mundo; o fundamental é que o próprio mundo se torne acessível a partir de qualquer lugar.

Referências Bibliográficas

AUBRÉE, Marion e LAPLANTINE, François. *La Table, le Livre et les Esprits*. Paris: J.C.Lattès, 1990.

BECKFORD, James. The 'cult problem' in five countries: the social construction of religious controversy. In: BARKER (ed.). *Of Gods and Men: new religious movements in the West*. Macon: Mercer University Press, 1983.

BECKFORD, James. *Cult Controversies: the societal response to the new religious movements*. Londres: Tavistock, 1985.

BECKFORD, James e LEVASSEUR, Martine. New religious movements in Western Europe. In: BECKFORD, J. (ed.). *New Religious Movements and Rapid Social Change*. Bristol: Sage/UNESCO, 1986.

BEYER, Peter. *Religion and Globalization*. Londres: Sage Publications, 1994.

BEYER, Peter. The modern emergence of religions and a global system for religion. *International Sociology*, 13 (2), 1998.

CAROZZI, María Julia. Tendências no estudo dos novos movimentos religiosos na América: os últimos 20 anos. *BIB*, 37, 1994.

CHAMPION, Françoise e HOURMANT, Louis. 'Nouveaux mouvements religieux' et sectes. In: CHAMPION e COHEN (eds.). *Sectes et démocratie*. Paris: Seuil, 1999.

DANTAS, Beatriz Góis. *Vovô Nagô e Papai Branco: usos e abusos da África no Brasil*. Rio de Janeiro: Graal, 1988.

FERNANDES, Rubem César. Aparecida. In: *Romarias da paixão*. Rio de Janeiro: Rocco, 1993.

GIUMBELLI, Emerson. *O Cuidado dos Mortos: uma história da condenação e legitimação do espiritismo*. Rio de Janeiro: Arquivo Nacional, 1997.

GIUMBELLI, Emerson. A vontade do saber: terminologias e classificações sobre o protestantismo brasileiro. *Religião e Sociedade*, 21 (1), 2001.

GIUMBELLI, Emerson. *O Fim da Religião: dilemas da liberdade religiosa no Brasil e na França*. São Paulo: Attar/ Pronex, 2002.

HERVIEU-LÉGER, Danièle. *Le Pèlerin et Le Converti: la religion en mouvement*. Paris: Flammarion, 1999.

LÉVI-STRAUSS, Claude. Raça e história. In: *Antropologia Estrutural II*. Rio de Janeiro: Tempo Brasileiro, 1975.

MAGGIE, Yvonne. *Medo do Feitiço: relações entre magia e poder no Brasil.* Rio de Janeiro: Arquivo Nacional, 1992.

NAKANO, Tsuyoshi. Anti-cult/sect campaign as new nationalism. Texto apresentado na Conferência da Sociedade Internacional de Ciência das Religiões, México, agosto 2001.

ROBBINS, Thomas. *Cults, Converts and Charisma: the sociology of new religious movements.* Beverly Hills: Sage, 1988.

SANCHIS, Pierre. O campo religioso contemporâneo no Brasil. In: ORO, A. e STEIL, C. (org.). *Globalização e Religião*. Petrópolis: Vozes, 1997.

SOUZA, Jessé de (org.). *O malandro e o Protestante*. Brasília: Ed. UnB, 1999.

VELHO, Otávio. Globalização: antropologia e religião. *Mana*, 3 (1), 1997.

A Sedução em Tempo de Abundância

análise das igrejas pentecostais como objetos de arte

Clara Mafra

A Sedução em Tempo de Abundância

análise das igrejas pentecostais como objetos de arte[1]

Clara Mafra

1. Introdução

No Ocidente o sentido clássico do sublime esteve associado, desde sua origem, às construções religiosas. Trata-se de uma associação entre o lugar de devoção e a expressão do grandioso e do estupendo da deidade cultuada.

A nave da Igreja Santa Maria [Figura 1], do Mosteiro dos Jerônimos, em Lisboa, é um exemplar magnífico desse encontro. A abóbada da igreja está suspensa por delgados pilares octogonais. Estes se elevam até o teto, criando uma sensação de espaço, luminosidade e harmonia incomparáveis. O impacto que a construção manuelina, do século XVI, nos causa hoje, deve ser, ainda que intenso, apenas a sombra do que ocorria com o visitante da época. Com poucos edifícios concorrentes similares, a unicidade da construção certamente ajudou a constituir o sentido do divino, do catolicismo e da identidade portuguesa.

Igrejas como a de Santa Maria impressionam, não apenas pelo contraste com as construções do entorno ou construções concorrentes, mas pelo ativamento dos sentidos – sensações de quente e frio, de claridade e escuridão, de forma, extensão e

1. Agradeço a Leandro Mafra pelas sugestões, pela ajuda e pelas conversas animadas sobre o assunto, aos participantes da apresentação de uma versão deste artigo na *École de Hautes Études em Sciences Sociales*, em Paris, no dia 10 de março de 2003, e à CAPES pela bolsa de pós-doutorado na Universidade de Aberdeen/Escócia.

Figura 1. Igreja Santa Maria do Mosteiro dos Jerônimos, Lisboa

volume – que elas causam no espectador. A sensação do sublime ocorre justamente à medida que o espectador se coloca no interior dos arcos e portais, deixando-se tomar por uma sensação de acolhimento e de apreciação na qual o animado e o inanimado se confundem, e a vastidão se faz presente. Neste sentido, o desfrute da visitação de uma igreja como esta decorre, para além de toda a informação agregada, da experiência básica de ter estado lá.

Já houve um tempo em que tal sensação, a do sublime, era rotineiramente compartilhada entre os visitantes das grandes metrópoles. Addison, em uma passagem magistral, deixou registrada a intensidade daquela experiência:

> "Nós somos obrigatoriamente conduzidos à devoção nas nobres construções que têm adornado inúmeros países no mundo. É isto que tem movido os homens ao trabalho em templos e espaços públicos de devoção, não apenas

porque eles convidam, pela magnificência do edifício, que a Deidade resida no seu interior, mas porque tais trabalhos estupendos, ao mesmo tempo, abrem a mente para vastas concepções conformando-a apropriadamente para a conversa com a deidade daquele lugar. Pois tudo que é majestático imprime certa temeridade e reverência na mente do observador, retirando dele a grandeza natural de sua alma" (Addison *apud* Wilton 1980: 66).

Tal descrição, contudo, dificilmente seria o registro de um turista moderno. A sensibilidade contemporânea tende a minimizar o impacto do grandioso e do espetáculo, singela e ternamente presente nas linhas de Addison. Isto não apenas porque o sentido histórico da construção se sobrepõe àquele da devoção religiosa, mas inclusive porque os homens desenvolveram recursos técnicos, materiais de construção, outras linguagens arquitetônicas, que se superpõem ao sentido de unicidade, evidente para o visitante pré-moderno. As "cidades das catedrais" constituem as cidades de hoje apenas como mais uma cidade entre outras, compondo o complexo tecido das metrópoles.

Sem incorrer em erro é possível afirmar que na modernidade a evocação do sublime e do monumental nos grandes centros urbanos foi visivelmente transferida da arquitetura do templo religioso para os prédios e os complexos arquitetônicos que abrigam as grandes corporações, as indústrias, os impérios financeiros, os shoppings, os museus, as universidades, os centros culturais. Isto não apenas porque os centros de poder e de prestígio das grandes cidades mudaram de lugar ou se multiplicaram, mas porque inclusive as expressões religiosas estão, elas próprias, fragilizadas e vulneráveis. A fragmentação do mundo e do olhar, uma cultura materialista e desacreditada das noções metafísicas, entraram pela porta da frente das grandes catedrais, constrangendo a apreciação casual do grandioso, de tal forma que a maioria das igrejas contemporâneas nada mais é que uma tímida referência do que fora no passado. A catedral, expoente maior dos objetos de arte produzidos coletivamente, parece permanecer, no Ocidente, a prova da potencialidade da configuração social de tempos passados.

Tal como nos grandes conjuntos arquitetônicos, a beleza na igreja moderna é rara. Quando isso ocorre, se faz presente em construções que põem em relevo o nome do arquiteto ou da equipe que trabalha com o profissional talentoso, em lugar de expressar o estilo de uma congregação ou de alguma vertente religiosa específica. Lembremos apenas algumas igrejas monumento como a da Papulha, a *Notre Dame-du-Hait* e a *Church of Light*, cada uma delas expressão de arquitetos com noções apuradas do seu fazer, como Niemeyer, Le Corbusier e Tadao Ando, respectivamente. Nesses casos, as igrejas são produtos de uma trajetória profissional particular, onde o homem encontrou sua própria noção de harmonia de composição, forma, volume, extensão e matéria, que foi atualizada em uma igreja.

Nas cidades em que o pentecostalismo ganha uma certa visibilidade, presença e consistência social, facilmente encontramos templos recentes, monumentais e com uma arquitetura peculiar marcando a geografia da cidade. Podemos observar essas igrejas, tratando com seriedade as questões que se apresentam: (i) pretenderiam, os pentecostais, com seus templos realizar a captura da cidade de "descrentes", atualizando, ao menos intencionalmente, o atributo básico do objeto da arte que é a captura do inimigo por sua incomensurabilidade (Gell 1998)? (ii) haverá nos inúmeros templos pentecostais que vemos espalhados pela cidade alguns atributos estilísticos semelhantes, indicativos do compartilhamento de valores comuns de uma dada "comunidade"? (iii) Ou será mais apropriado reconhecer os templos pentecostais como indícios de um apego passivo a objetos que estão em outro lugar, sendo meras réplicas arquitetônicas, provas do culto que esse movimento religioso presta ao mundo pequeno-burguês?

Ainda que de modo introdutório, pretendo examinar estas questões ao longo do artigo sem abrir mão da abordagem usual da antropologia, ou seja, procurarei entender os templos enquanto objetos de arte em um determinado complexo de relações sociais. Na definição proposta por Alfred Gell (1998), objetos de arte são aqueles que têm a capacidade de serem agentes, ou seja, eles se confundem com as pessoas e as pessoas se fundem entre si através de objetos, de tal forma que "situações de arte podem ser definidas como aquelas em que o material (o index, o visível, o físico, a coisa) permite uma operação cognitiva particular, a qual eu identifico como abdução da agência" (1998:13).[2] Para seguir este programa, dividi o artigo em três momentos: descrição dos templos propriamente ditos; descrição das relações sociais dos crentes entre si; análise da relação dos crentes com os não crentes da cidade examinando os templos como pólos de atração/repulsão.[3]

FOTO: JOÃO VASCONCELOS

Figura 2. Igreja Universal do Reino de Deus [do Império], Lisboa

2. Os Templos Pentecostais

Em Lisboa, o templo nacional da Igreja Universal do Reino de Deus está situado em uma região nobre e conveniente, na avenida Dom Afonso Henriques, em um prédio reformado [Figura 2]. Trata-se do antigo Coliseu de Lisboa, o maior e mais luxuoso cinema da cidade, construído em meados da década de 50, com traços de *art-nouveau*. O templo é capaz de abrigar cerca de 2.000 pessoas. Durante

2. A proposta de antropologia da arte de Gell não se realiza nem como uma sociologia das instituições (Bourdieu 1984), nem com um exercício taxonômico e estilístico centrado puramente nos objetos. No entanto, ainda assim, sua proposta tem o objeto de arte como referência central à medida que este tem uma singular propriedade de inferência no complexo de relações sociais em que se encontra. "*They [the object of art] fascinate, compel, and entrap as well as delight the spectator. Their peculiarity, intransigence, and oddness is a key factor in their efficacy as social instruments.*" (1998:23)

3. O artigo segue, portanto, explorando a indicação de Velho (1997) quanto à insuficiência da Antropologia tradicional em lidar com fenômenos multissituados e globalizados como o pentecostalismo – que parece "soprar onde quer", ou seja, raramente estabelece relações de causalidade e de determinação explícitas e/ou diretas de um contexto social para outro.

alguns anos, os pastores da Igreja se mobilizaram para obter o prédio. Só depois de um longo trajeto, com estratégias de mercado um tanto duvidosas, conseguiram comprar o edifício. O resultado é apreciável: a igreja é uma fonte de orgulho entre os iurdianos portugueses,[4] pois a sede nacional está situada em um dos bairros mais nobres da capital, em uma construção expoente de um estilo que marcou época. Em termos de localização na cidade e centralidade em favor da visibilidade, a escolha não poderia ser melhor.

A Catedral Mundial da Fé [Figura 3], no Rio de Janeiro, da mesma denominação, construída entre 1997-1999, também é, pelas suas proporções e seu desenho arquitetônico, um marco na cidade. O templo tem a capacidade de abrigar cerca de 10.000 pessoas, com poltronas distribuídas em três andares de galerias. O prédio utiliza materiais modernos, abusando das formas arredondadas. As formas arredondadas estão no portal da frente – onde vemos escrito em letras garrafais um versículo bíblico – mas também no desenho do próprio templo: as galerias se afunilam em um semicírculo em torno ao púlpito. Funcionalidade – grandes escadas e rampas por onde a multidão pode escoar, banheiros amplos e arejados –, segurança – sistema contra incêndio –, e conforto – rampas, poltronas acolchoadas, sistema de refrigeração –, são as características mais evidentes da construção, ao lado de uma decoração mínima mas ainda assim de gosto duvidoso.[5] As três características – funcionalidade, segurança e conforto – parecem ter sido contrabandeadas dos grandes shoppings da cidade, tanto

4. Em Portugal, a sigla da Igreja Universal do Reino de Deus, IURD, é frequentemente utilizada para nomeá-la; por decorrência, os fiéis são chamados iurdianos. No Brasil a referência usual é simplesmente Universal. Utilizarei ambas nomeações ao longo do texto, procurando respeitar o contexto.

5. Um dos problemas centrais de uma análise de estilítica de um movimento religioso como o pentecostalismo é a falta de uma tradição de reflexão consistente sobre o tema. As análises de estilo de objetos de arte desenvolvidas no Ocidente ora se concentram na agência do artista individual, dos movimentos artísticos propriamente ditos, ora na agência coletiva baseada na tradição e auto-referencialidade. No caso dos pentecostais, temos a estranha conjugação da produção de um objeto de arte para/pelo coletivo que visa seduzir um coletivo estranho e abrangente (os não crentes). Portanto, faz parte da análise o olhar de apreciação/contra-apreciação do público pequeno-burguês.

FOTO: BIANCA BRANDÃO

Figura 3. Igreja Universal do Reino de Deus, Catedral da Fé, Rio de Janeiro

quanto o gosto duvidoso. O prédio, entretanto, é imponente quer para aqueles que sem hesitação apreciam o estilo, quer para os que o condenam como "mau gosto". Enfim, seja recebendo louvores de apreciação ou comentários depreciativos, a Catedral Mundial da Fé se impõe como marco em uma cidade como o Rio de Janeiro, com mais de 10 milhões de pessoas.

As duas igrejas pentecostais anteriormente citadas são igrejas fundadas em metropóles com forte herança cultural católica, onde os pentecostais são recentes e francamente minoritários: em Portugal, os protestantes são menos que 1%; no Rio de Janeiro, os evangélicos são 20% da população.[6]

Boa parte do movimento pentecostal brasileiro se dissemina, contudo, em outras áreas: muito usualmente nas frentes modernas de expansão, como as regiões

6. Os dados que temos, sobre as religiões em Portugal, em 2001, são os seguintes: católicos 92,93%, protestantes 0,61%, outra religião cristã 1,55%, sem religião 4,33%. No Brasil, o Censo 2000 indicou a seguinte distribuição: católicos 73,8%, evangélicos 15,4%, sem religião 7,3%. Os católicos, evangélicos e sem religião representavam 96,5% da população brasileira. Fontes: INE Portugal e TABAV IBGE/ISER.

Figura 4. Igreja Assembléia de Deus de Ariquemes, Rondônia

Centro-Oeste e Norte, ou em cidades médias e pequenas do Sul e Sudeste. O terceiro exemplo que trago foi observado na Região Norte, mais exatamente Rondônia, Estado brasileiro que registrou, no último censo 2000, o mais alto índice de evangélicos no Brasil (com 24%).

Em cidades de colonização recente,[7] onde a presença dos pentecostais é relevante, como Ariquemes, encontramos inúmeras igrejas marcando a geografia da cidade, sendo bastante usual uma distribuição urbana na qual a Igreja Católica –

7. No final de 1970, Rondônia (ainda na condição de território) contava com apenas sete municípios. Em 2001 temos o registro de 53 municípios. Estes números indicam o caráter recente da colonização e desenvolvimento urbano do Estado, com a maioria das cidades com menos de 30 anos de existência.

em geral, mais antiga e tradicional – tem como concorrente direta, em termos de visibilidade e tamanho, uma igreja Assembléia de Deus.

Em Ariquemes, a principal Assembléia de Deus não apenas é portentosa, quanto tem um desenho arquitetônico peculiar [Figura 4]. De modo similar à Catedral Mundial da Fé [Figura 5], as formas arredondadas marcam o prédio: seja na fachada, seja na composição semi-circular da construção. Em termos da composição, aqui novamente reconhecemos uma estrutura de coliseu: as duas portas e inúmeras janelas da fachada são conduzidas em funil para o centro, onde se localiza o púlpito.

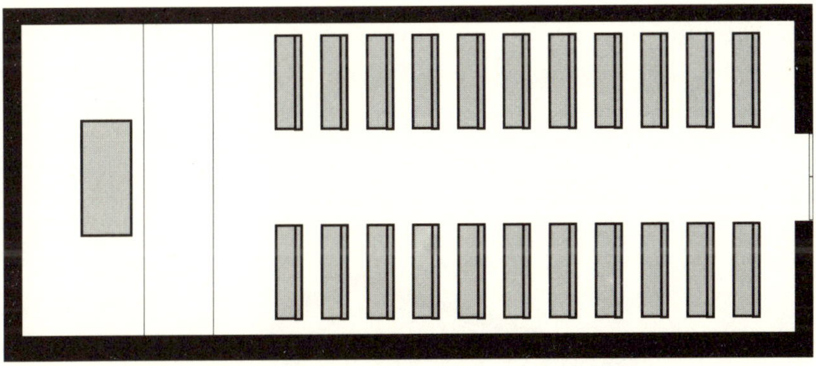

Figura 5. Esquema Assembléia de Deus Clássica

Ora, vale sublinhar que esse desenho em semicírculo é estranho à tradição assembleiana. O usual nas igrejas dessa denominação é a adoção de uma arquitetura retangular, que remete às protestantes clássicas. No desenho clássico [Figura 5], o interior da igreja é retagonal: um corredor com bancos à direita e esquerda, um beiral separando os bancos dos membros comuns e dos de maior hierarquia, terminando em uma elevação onde é ministrado o culto. Muito claramente a arquitetura revela uma hierarquização dos freqüentadores, que vai do membro comum ao de *status* sagrado mais elevado. Nas Assembléias de Deus mais antigas, não é raro que a parede do fundo esteja coberta por uma cortina – numa referência ao aspecto misterioso do sagrado.

Em relação ao padrão clássico, a igreja de Ariquemes tem um desenho com menos detalhes [Figura 6]. Na comparação, dois aspectos valem ser salientados.

Primeiramente, na igreja em forma de coliseu o movimento da construção está claramente deslocado da vertical para a horizontal – no semicírculo que se afunila. Pode-se deduzir dessa transferência da dinâmica um deslocamento similar em termos de apreciação estética, especificamente, com relação à presença do "bom" e do "verdadeiro". Em uma igreja como a do Mosteiro dos Jerônimos, o jogo de luzes entre janelas e arcos imprime a grandiosidade no alto, na recepção de uma luz que vem de fora e que penetra o interior da obra sem revelar sua origem. A metáfora é sugestiva: o divino está ligado a um plano superior, quase inacessível. Com o pé direito baixo e a suntuosidade na horizontal, o desenho da igreja de Ariquemes anuncia o compartilhamento de uma noção de beleza que tem como referência básica o homem. Afinal o prédio avança levando em conta sua altura e a sua recepção. Mas não a recepção de um indivíduo especial, e sim de uma humanidade alargada, vasta,

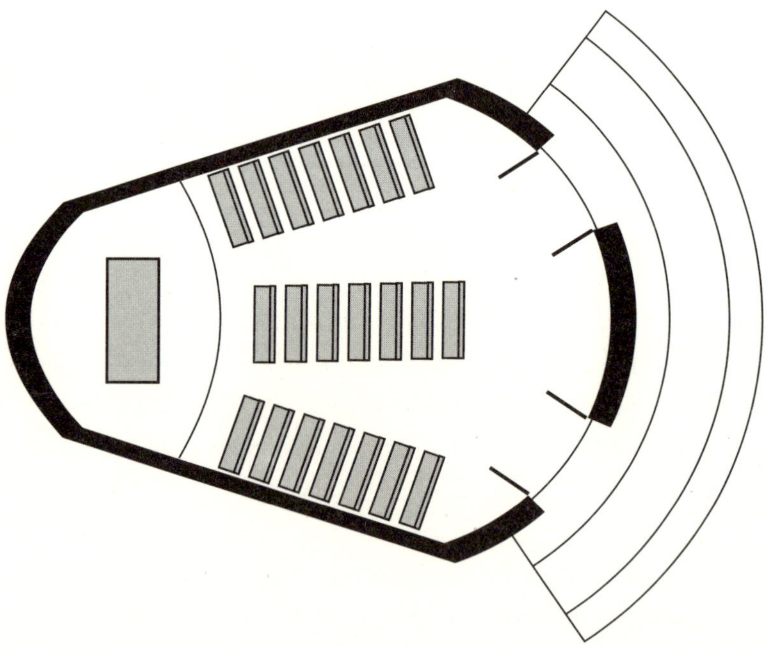

Figura 6. Esquema Assembléia de Deus Ariquemes

volumosa. A entrada em leque indica uma abertura generosa para uma multidão, seus espaços internos amplos anunciam o acolhimento de muitas pessoas em posições pouco precisas, que podem estar em permanente movimento.

Encontramos assim uma primeira homologia entre forma do prédio e população pentecostal, pois a igreja é desenhada para receber essa população que está no Norte, que migrou por vários Estados, que ajudou a fundar algumas cidades, mas que continua com a perspectiva do nomadismo. Essa multidão, dinâmica e irreconhecível em termos individuais, é aquela que é tratada com esmero e dignidade no prédio de Ariquemes. Está implícito no desenho da construção que o maravilhoso se encontra nela.

Outro aspecto importante revelado no contraste do desenho das igrejas pentecostais e que está em continuidade com a observação anterior, diz respeito a uma transformação importante em termos de vida social: a economia de divisões sociais.

No templo assembleiano clássico, a multidão está dividida em diferentes estratos, anunciando uma segmentação espacial que é similar à da relação com o sagrado – os membros comuns, os evangelistas, os presbíteros, os diáconos, os pastores. A vida eclesial nada mais é que a metáfora da estratificação da vida social. Porém, no desenho da igreja de Ariquemes há uma evidente despreocupação em dividir, classificar e ordenar a multidão. O espaço que a multidão ocupa é amplo, garantindo a visão do centro da cena, do púlpito, na medida do possível. Também são amplos os caminhos para sua circulação – para o centro, para os lados e para fora. Essa razoável despreocupação em acentuar no espaço as divisões funcionais e os lugares dos indivíduos também ocorre na Cadetral Mundial da Fé, da Universal.

Esse traço arquitetônico do templo indica o desenvolvimento de uma arquitetura em função de uma multidão especifíca.[8] Ela não é mais uma coleção de indivíduos com lugares sociais definidos em *persona* social restrita. Trata-se antes de milhares de pessoas que têm encontros fortuitos, que se movimentam de uma forma desordenada ainda que com certa razoabilidade e previsibilidade, que têm uma

---

8. Analisei de modo mais sistemático a diferença no padrão da relação clero/multidão da Igreja Assembléia de Deus e da Igreja Universal no livro *Na Posse da Palavra* (Mafra 2002).

vivacidade e uma autonomia próprias. Paralelamente, indica uma outra noção de aprendizado na relação com o divino. Não mais a noção de um caminho de aprimoramento sempre na mesma direção – numa expectativa de uma certa ascensão em termos de pertencimento: do membro comum, para o membro com alguma relação de responsabilidade para com sua comunidade [presbítero, diácono, evangelista, pastor]. A nova assistência acompanha o culto ao divino especialmente de modo sensual, na co-presença com os outros.

Enfim, na abertura do desenho retangular para o de semicírculo do templo pentecostal, temos a indicação de duas transformações que estabelecem homologia entre artefato arquitetônico e coletivo pentecostal:

1. O grandioso na vertical para a horizontal, o que significa que o sentido da desmedida própria do que é "bom" e "verdadeiro" passou de algo inacessível e misterioso para algo misterioso que ocorre no seio da multidão;
2. Um senso apurado de simplicidade nas divisões internas do prédio, garantindo respostas funcionais favoráveis ao movimento da multidão e que implica, por homologia, uma desvalorização de noções estabilizadas da divisão social.

Entretanto, seriam estes dois aspectos suficientes para nos convencer da autenticidade dos templos pentecostais como objetos de arte, ou seja, como objetos que cativam, pelo prazer ou pela inquietação, o espectador? Em geral, não é isto que ocorre com o visitante fortuito. Especialmente quando ele(a) se coloca diante do templo: a intenção decorativa de muitas das fachadas das igrejas pentecostais denuncia uma forte hesitação de estilo ou aberto mau-gosto. Na fachada da igreja de Ariquemes temos, por exemplo, uma seqüência de triângulos e círculos que está na balaustrada, mas que também é repetida, maximizada e hiperestilizada no entorno do prédio, na fachada principal. Recortes como este são freqüentes nas fachadas das casas mais simples no interior do Nordeste. Trata-se de uma herança portuguesa longínqua. Como os construtores do templo são as famílias dos migrantes, muitos deles pedreiros e carpinteiros, podemos inferir que a fachada do templo é uma recriação de uma memória popular de longa duração, também presente em igrejas vizinhas, como a Assembléia de Deus de Ji-Paraná [Figura 7]. Outras fachadas, como a da Catedral Mundial da Fé, são me-

Figura 7. Assembléia de Deus Ji-Paraná

nos peculiares, mas de modo similar remetem a um gosto popular amplamente compartilhado. Neste sentido, a referência de ambas construções é de uma habitação de Deus na Terra em prédios financiados por multidões pouco educadas em termos do gosto burguês, mas que têm os recursos materiais para imprimir sua presença na cidade.

3. A Impressão do Maravilhoso nos Relatos Individuais

Levantei até aqui a questão de fundo do artigo, a hipótese da emergência de uma estilística pentecostal a partir do exame de algumas características de um de seus produtos culturais mais evidentes, isto é, suas igrejas. Muitas indagações permanecem ainda em aberto, em especial sobre a consistência dessas características: seriam indicações de uma sensibilidade particular, que se articula como um todo, que tem nos pentecostais o seu principal agente, ou pelo contrário, nas igrejas pentecostais temos registrado o resultado de um empobrecimento expressivo, conseqüência de um processo de homogeneização cultural mais geral? Para seguir explorando esta questão devemos deslocar o foco, indagando quanto às relações de continuidade e descontinuidade entre as características dos novos templos pentecostais e os modos de vida, condições econômicas e políticas da população que cria tais objetos. Havendo continuidade, estaríamos diante de um fenômeno de reverberamento entre os vários níveis de sensibilidade, do mais básico e vital ao mais concreto e passageiro, ratificando assim o sentido de produção artística propriamente dita[9] (Shapiro 1971:113).

É possível indicar um perfil sócioeconômico determinado para os pentecostais? A partir de um estudo extenso, em mais de 35 países, Paul Freston descreveu o pentecostalismo como uma "globalização a partir de baixo". Em suas palavras:

> "Se o conceito de 'chamado' da Reforma desembocou na 'ética protestante', que contribuiu para a 'grade de ferro' da racionalidade burocrática e para a globalização do capitalismo racionalizado e do Estado Nação, por sua vez, a concepção pietista do 'chamado' se encaminhou para a missão e para uma globalização voluntarista do capitalismo. O pentecostalismo acentua o contraste entre os dois 'chamados'. O pentecostalismo veio para o Terceiro Mundo via América, mas por seu lado submerso. Nascido entre pobres, negros e mulheres, ele foi virtualmente exportado sem custo algum, freqüentemente por não americanos, através de canais usuais (religiosos e outros) da América rica e ponderosa. Precisamente esta cristandade ocidental não estabelecida que veio a se tornar globalizada" (Freston 2001:315).

---

9. Vale apontar aqui uma outra peculiaridade da produção tecnológica/artística que estamos analisando. Alfred Gell (1995) teve a oportunidade de apresentar um projeto de antropologia de arte "filistéia", isto é, que tem como pressuposto não a apreciação sensual do valor do produto cultural do Outro, porque ele se dedicou à análise de artesanatos produzidos em abundância em contextos de culturas tradicionais. Essa abundância permitiu o desenvolvimento de uma metodologia que procura as recorrências/rupturas de produção em conjunto estilístico razoavelmente amplo e constante em termos temporais, no que ele define como um "objeto distribuído". No caso de populações que aderem ao pentecostalismo, situadas no interior de sociedades tecnologizadas, há uma superabundância de objetos fabris e uma escassez de objetos artesanais (ver Ingold 2001). Esta abundância de objetos concorrentes, assim como a diversidade e a fluidez do público que se quer capturar, refletem-se na recorrência da hesitação estilística na construção dos templos.

Este perfil popular dos pentecostais concorda com os pentecostais que encontrei em minhas pesquisas, no Rio de Janeiro e em Rondônia, em Lisboa e Coimbra. Para o caso do Brasil e Portugal, é importante lembrar que boa parte dos pentecostais teve uma formação religiosa anterior, muitas vezes precária e rarefeita, no catolicismo. Contudo, talvez seja mais apropriado afirmar que são as pressões das condições concretas de vida de boa parte dessa população o que determina a formação de um perfil explicitamente cético ou abertamente desencantado com relação ao sobrenatural antes da conversão. Não é raro encontrarmos relatos de conversão que nada mais são que narrativas sobre um reencontro pacificador com o sobrenatural. Em que termos?

Para desenvolver o ponto, vou trazer um fragmento de uma entrevista que realizei com Seu Laudelino dos Santos, em janeiro de 2002. Ele foi indicado pelos crentes de Cacoal, Rondônia, como um informante privilegiado sobre a história local e dos crentes na cidade. Seu Laudelino foi um dos primeiros a construir sua casa na cidade, em 1978. Isso se deu um ano antes da fundação da primeira igreja Assembléia de Deus. Na época da entrevista, Seu Laudelino estava casado há 56 anos com Dona Alípia, tinha 9 filhos vivos, 35 netos e 14 bisnetos. Dos seus 79 anos, passou 70 na "beira de uma enxada", trabalhando na lavoura "dos outros" – como sublinhou no seu relato –, circulando do sul da Bahia para o norte do Paraná e, por fim, o noroeste de Rondônia.

Sua conversão se deu em um momento delicado de sua vida: logo na chegada a Rondônia. Na época, conta, a mulher estava sofrendo com um efizema na parte inferior das duas pernas. Com 9 filhos, morando no meio do mato, sem remédios e dinheiro, naquele dia Seu Laudelino saiu de casa dizendo:

> "'Minha velha, prá você sarar dessa perna, só se Deus descer do céu e vir aqui na terra pra te sarar!' Falei aquela palavra com ela e saí prô mato. Fui limpar tabuinha prá cobrir a casa do meu contrato. Cheguei lá, passei na casa do patrão. A patroa era uma pessoa muito boa, trouxe um copo de café com leite, depois fez um cigarro de palha prá eu fumar e beber pinga. Cheguei lá no mato, peguei um cepo daquela madeira, peguei um pedaço de fumo deste tamanho, a palha, o isqueiro. Fiquei lá. Peguei um cigarro, depois outro, apanhei mais outro. No que tô pegando uma tabuinha, limpando e

jogando no lado, o coração falou: 'Não pegue outro! Pega tudo e joga no mato!' 'Mas, meu Deus, vou jogar tudo no mato?' Eu via aquela ordem: 'Jogue no mato!' Eu peguei aquilo, deixei o isqueiro no lado, peguei o pedaço de fumo e a palha. Fui e joguei dentro do valão. Fiquei olhando a boca do valão. Foi como se eu caísse e me vi, eu nadando naquela lama, só com o umbigo de fora. Mais um pouco e eu tava fora do valão. 'Mas, meu Deus, o que é isto que está acontecendo na minha vida?'. O coração só dizia: 'Não vai beber mais, nem nunca fumar'. [...] Eu saí da mata crente." (Entrevista realizada em Cacoal, 31/01/2002)

Esta imagem explicita, em tons fortes, de modo rústico, isto é, sem um plano perspectivo ou uma elaboração psicológica, a autopercepção de Seu Laudelino. Curta e direta como ela se apresenta, a imagem traça um esboço da vida de um homem em desespero. Por sua ênfase, seu tom e seus silêncios, sabemos que ela mobilizou todas as energias de Seu Laudelino, transformando-o: "Eu saí da mata crente".

Por que este homem confere tamanha importância a uma passagem infinitesimal de sua trajetória de vida?

Vale destacar dois aspectos da relação de Seu Laudelino com a sua visão:

1. A imagem surge como uma revelação: Seu Laudelino não pode negar o evento estranho às leis naturais. A imagem é uma presença que o inquieta, que o mobiliza, que o surpreende, que o assusta. Ela está tão completa, que não adianta virar o rosto para negá-la. Temeroso, ele interroga o transcendente: "Mas, meu Deus, o que é isto que está acontecendo na minha vida?"
2. A imagem se apresenta gratuitamente: Seu Laudelino não tinha intenção, pretensão ou preparação para se ver frente a frente com o sobrenatural. Mesmo assim a imagem é uma presença, estranha a ele, que se manifesta incontrolavelmente diante dele, abrindo-lhe um campo de transformação: "Eu saí da mata crente".

Esta postura de Seu Laudelino diante da visão é típica do comportamento crente. Não se trata de uma postura irônica, poética ou alegórica.

Em que sentido podemos dizer que o relato não é irônico? Por mais que Seu Laudelino conheça as "leis naturais" e as compartilhe com o ouvinte, ele procura comunicar como ele se viu pressionado diante de um evento extraordinário, colocando o seu conhecimento da vida e das coisas em suspenso. A ironia faria parte do relato se Seu Laudelino recompusesse o evento da visão em novos termos, inserindo-o em uma cadeia causal de eventos, nomeáveis e precisos, do mundo: uma visão causada por alguma alteração no seu organismo em função, por exemplo, da ingestão excessiva de pinga, por exaustão ou fome.

Na narrativa irônica, o que em princípio estaria entre o usual e o monumental, recompor-se-ia no seu aspecto corriqueiro no fechamento da narrativa. Mas não, o relato transforma a vida de Seu Laudelino exigindo dele, dali para frente, uma abertura para os eventos em uma amplitude antes inimaginável.

Seria, neste caso, uma visão que ele reconhece em termos poéticos? Também não, à medida que a poesia se realiza plenamente no plano da linguagem, sem qualquer pretensão de referencialidade. Quando dizemos que "o vento soprou sobre o mar de rosas", não há nenhum conflito de referentes. A imagem nos ajuda a apreciar as nuances da linguagem, e é isto que se espera que a poesia realize. No caso da visão de Seu Laudelino, a imagem tem especial valor porque se refere a uma pessoa em particular, vivendo em condições específicas. A intensidade da narrativa está na crucialidade do encontro de uma linguagem (uma visão) em um ponto específico da trajetória do sujeito, o contrário da linguagem poética, que prescinde dessa referência a um objeto.

Trata-se então de uma alegoria? A queda na lama seria apenas uma metáfora que ganha força por sua continuidade? Também esta resposta é imprópria. Seu Laudelino cita apenas uma vez a imagem revelada, procurando transmiti-la em sua inteireza e intensidade. Posteriormente, não a utiliza mais como imagem sintética de sua vida.

Enfim, Seu Laudelino não relatou sua visão para divertir, espantar ou encantar o ouvinte, confortando-o posteriormente em seu ninho de conhecimentos naturais. Pelo contrário, a narrativa pretende ser um momento de compartilhamento: assim como o evento surpreendeu Seu Laudelino, despertando-o para a necessária abertura diante do sobrenatural, ele gostaria que seu ouvinte se percebesse comovido. Independentemente do efeito no ouvinte, dali para frente, de cético e descrente que era, Seu Laudelino se sente comprometido na recomposição de uma abertura permanente de si próprio com o aspecto "maravilhoso" da vida. Chegamos então a um ponto estável: a descrição mais precisa da postura de Seu Laudelino diante de sua narrativa é a do encontro com o maravilhoso.[10]

Para tanto, estamos aqui concordando com a definição de maravilhoso proposta por Todorov: "O objetivo real da jornada maravilhosa é a exploração total da realidade universal" (Todorov 1973:57). A partir do evento da visão, Seu Laudelino se vê pressionado a subordinar todo seu conhecimento de vida a algo maior. Ou seja, ele não reinscreve o evento extraordinário em termos naturais, mas encontra no evento a alavanca para subordinar o conhecimento naturalizado da vida a algo maior e sobrenatural. Com a postura de submissão, ele ganha acesso a um reconhecimento do evento em sua grandiosidade. Nesse encontro com o maravilhoso, sua conversão se efetiva.

Tomando a narrativa de Seu Laudelino como um expoente crente, podemos deduzir que a narrativa crente está muito próxima da sua negação, podendo, muito subitamente, transformar-se de narrativa sobre o maravilhoso para relato irônico, exercício poético ou expressão alegórica. Ela é uma narrativa vulnerável, que se assenta sobre uma experiência vivida em um instante: uma visão fugidia, composta por traços toscos, que apenas sugerem um esboço da situação vivida pelo sujeito. Não é uma visão que pretende alcançar a exatidão e a precisão da realidade, na pretensão mimética ou fotográfica da imagem externa, mas também não é um exercício lúdico e descomprometido com a fantasia. A narrativa só é crente se o maravilhoso for sustentado.

---

10. Importante salientar a distância desta postura diante do maravilhoso daquela desenvolvida pelos autores românticos clássicos, no século XVIII, primeiros apreciadores do "maravilhoso". Influenciados por *Paradise Lost*, de Milton, boa parte dos poetas românticos ingleses parece estabelecer um jogo duplo entre objeto de desejo e consumação da felicidade. Eles tendem a substituir a crença em um Paraíso terreno por uma esperança em algo melhor, mas que muitas vezes vai além do razoável, e que se aproxima da pura imaginação. Em termos de correntes estéticas ocidentais, os pentecostais parecem mais próximos dos impressionistas, pois sua atenção e rigor estão direcionados para a relação imediata entre pessoa e entorno, para o jogo infinitesimal entre sombra e luz, bem e mal. Além disso, os traços largos do esboço da narrativa do maravilhoso na conversão que analisamos indicam homologamente um desapego na crença da objetividade do mundo (cf. Higbie 1998; Abrams 1971).

Isso significa que são inúmeros os riscos que circundam a narrativa crente, podendo ela desabar em outra coisa que o maravilhoso a cada novo momento. Podemos examinar alguns desses riscos a partir de três perspectivas:

1. Da posição do autor: a narrativa é absolutamente dependente de uma postura de abertura do autor na projeção do maravilhoso no futuro;
2. Com relação ao seu conteúdo: envolve um uso restrito da fronteira real/imaginário, exigindo do autor uma postura de autocontrole e desenvolvimento imaginativo;
3. Com relação à recepção: demanda e depende da atualidade da interlocução, isto é, é bastante vulnerável em relação às reações externas.

Quanto ao primeiro ponto, boa parte da vida espiritual crente se relaciona com um "trabalho" de amenização dos riscos decorrentes da descrença do autor da narrativa. Este trabalho está associado a uma sociabilidade intensa em torno do espiritual, onde inúmeras atividades são realizadas a fim de minorar "a falta de fé do irmão ou da irmã", como reuniões de oração, de louvor, de aconselhamento.

Assim foi com Lourival dos Santos, um dos filhos de Seu Laudelino. Em uma etapa de sua vida, a comunidade crente e a família se reuniram para orar por ele. Casado, pai de uma moça de 17 anos e um rapaz de 15, avô de uma menina de dois, Lourival apresentou, desde a juventude, talentos especiais no exercício de sua vida espiritual: na medida que "amadurecia espiritualmente" sua oração foi considerada "forte", tendo realizado curas milagrosas que são compartilhadas pela familia e comunidade. Além disso, desde jovem era tido como pessoa carismática, o que o colocava freqüentemente em posições de liderança. Não foi por acaso, então, que justamente este filho de Seu Laudelino tivesse se tornado evangelista, tendo trabalhado durante anos no atendimento de quatro ou cinco comunidades assembleianas no interior de Cacoal.

No seu relato, entretanto, Lourival deu ênfase, não tanto à realização dos milagres, mas a um período de três anos em que deixou de se "dedicar ao evangelho". Caracterizando a vida do evangelista como uma "vida de muita dificuldade", especialmente porque o evangelista é aquele que "abre caminho" – ou seja, ele enfrenta a descrença dos outros –, Lourival decidiu se afastar da igreja quando os membros de uma igreja que dirigia "fizeram intriga". Parte dos membros da igreja acusou-o, primeiro em surdina, depois diante do Conselho, que ele estava desviando recursos da igreja para fins particulares. A acusação calou fundo e Lourival decidiu abandonar o trabalho na igreja para, de fato, ganhar dinheiro. Passou a trabalhar como ambulante, trazendo mercadorias da zona livre de comércio da Bolívia para Cacoal. Conta que se saiu muito bem na profissão, tendo certo talento para a troca, compra e venda. Os concorrentes podiam ter as mesmas mercadorias, mas a "freguesa comprava na banca dele", garantiu Lourival no relato. Depois de um ano, tinha conseguido comprar um terreno e levantar uma casa, tirando a família de uma situação precária, especialmente porque Lourival, como evangelista, sobrevivia graças a recebimentos um tanto irregulares e dependia dos favores da comunidade para ter uma moradia.

Sua nova vida de ambulante correu bem até que, no terceiro ano, Lourival começou a ter um sonho recorrente: ele ia para o trabalho e ao invés de montar sua usual tenda – algo pequeno, mas organizado – encontrava uma construção pela metade, o teto desabado, as mercadorias escondidas embaixo de uma lona de caminhão. Na época, ele tinha reunido um certo capital com o qual pretendia melhorar o seu negócio. Porém, por duas vezes ele tentou abrir uma loja e por duas vezes teve de desistir. Na primeira, porque o imóvel tinha sido vendido irregularmente para dois donos. Na segunda vez, porque o imóvel ficava perto do rio e foi inundado na época das cheias.

Neste meio tempo, o sonho se tornou mais nítido e Lourival aceitou o que indicava: que Deus o estava chamando de volta para o trabalho "no evangelho". Nos últimos tempos, a esposa o vinha admoestando nesse sentido. Como a família já estava vivendo em uma situação que considerava segura e confortável, Lourival retomou, naquele momento sem se sentir contrariado, sua antiga vocação de evangelista. "Quando o chamado vem, você não escapa", concluiu ele, trazendo à lembrança a história do profeta Jonas. O presidente da igreja o recebeu de braços abertos, indicando-o desafiadoramente para a comunidade que o expulsara.

Provavelmente, na época que Lourival viveu como vendedor ambulante, não negou o seu talento como evangelista, mas redimensionou sua experiência anterior como algo circunstancial e passageiro. Ele inclusive sugeriu que seu talento em termos de comunicação humana, desenvolvido em sua juventude como evangelista, foi muito bem utilizado na profissão de vendedor. Na devida proporção, Lourival estava atualizando uma postura própria do movimento secular, ou seja, não a exclusão de idéias religiosas mas a assimilação e reestabelecimento das idéias religiosas como elementos constitutivos de uma visão de mundo fundada em premissas seculares. Segundo M.H.Abrams, o movimento romântico se realizou exatamente nesse processo de "naturalização do supernatural" (1971). Boa parte da cultura de massas, com as noções de amor romântico, a percepção de um mundo dividido entre pessoas comuns e geniais, a visão linear da história como um processo que se dirige ora para o Paraíso, ora para o Inferno, todos esses traços revelam a realocação de uma tradição religiosa cristã em uma base secularizada.

No seu relato, Lourival sugere que, no seu tempo de ambulante, assumiu essa postura secularizante, ainda que com certo incômodo. Tal incômodo persistiu para cessar apenas quando ele reassumiu o "chamado" como elemento vital em sua trajetória de vida.

Entretanto, esse risco de apequenamento do maravilhoso em termos naturais está permanentemente presente no horizonte de possíveis da narrativa crente. Uma das versões desse apequenamento está na "mercantilização da fé": no crente que usufrui os bens, as redes sociais e a simbologia crente, sob o custo de uma relação congelada diante do "imponderável". Foi uma acusação similar que afastou Lourival do evangelismo: a afirmação de que seu misticismo e seu altruísmo nada mais eram que um véu encobrindo outras intenções, escusas e egoístas. De fato, os extremos aqui estão próximos, e o maravilhoso pode facilmente se converter em apego doentio ao estilo de vida burguês.

A segunda fonte de risco à postura crente decorre do conteúdo propriamente dito da percepção do extraordinário. Ainda que em minhas pesquisas eu tenha escutado milhares de depoimentos de "sinais e maravilhas" – curas, profecias, reconstituição de laços familiares, recuperação de círculos viciosos, prosperidade material, autoridade espiritual – também encontrei alguns relatos de "enganos" sobre a manifestação do maravilhoso. Cito alguns dos casos:

a. No Rio de Janeiro, no velório do pai de um famoso escritor crente, o filho se colocou a orar ao lado do caixão, exigindo de Deus a vida do pai. No seu sofrimento e entusiasmo renovado, o filho pedia nada mais que a ressurreição de um homem de mais de 80 anos;

b. Em Cacoal, um cantor da Assembléia de Deus, depois de enterrar seu filho envenenado por agrotóxico, afirmava receber as letras das músicas diretamente da visão do filho morto;
c. Em Lisboa, algumas mulheres diziam ter sido abençoadas pois agora dispunham de companhia noturna, a presença de alguns anjos que dormiam com elas;
d. Em Lisboa, alguns membros da IURD criaram um calendário que anunciava um fim de mundo próximo, uma vez que a igreja dos últimos dias, a noiva de Cristo, aqui interpretada como a própria IURD, já existia;

De uma forma ou outra, esses quatro casos foram objeto de polêmica entre os crentes que conheci. Alguns deles foram, inclusive, apagados da memória coletiva. Não são narrativas que chocam por se referirem a temas tabu, como seria, por exemplo, se fossem casos de incesto, pedofilia ou necrofilia. Também não anunciam ruptura com a noção de direito judaico-cristã, como seria se se tratasse de casos de adultério, roubo, assassinato. Os quatro casos são narrativas que rejeitam um certo grau de sofrimento: a perda de pessoas próximas, a falta de laços íntimos [um(a) companheiro(a)], a reivindicação de uma história que reconheça, triunfalmente, os esforços dedicados de uma parcela mínima da humanidade, os membros da Igreja Universal.

Esses quatro casos se opõem à narrativa pentecostal porque nesses as leis naturais são negadas em razão do desejo particular dos crentes. A razão é, portanto, oposta à da subordinação maior às leis do universo que viemos descrevendo anteriormente: pressupõe-se que se o sujeito foi co-partícipe de um evento extraordinário, ele seria, posteriormente, considerado de maneira extraordinária pelo universo. Não há aqui uma abertura para a interlocução despojada com o universo, mas uma tentativa de controle dos termos dessa interlocução.

O que está implícito nessa rejeição de um conjunto amplo de eventos na narrativa do maravilhoso crente é que a abertura para a inter-relação com o universo é fundamental e constitutiva desse *ethos*. Este aspecto dialógico da narrativa crente nos conduz ao último ponto do artigo: a reação ao pentecostalismo.

4. A Reação ao Pentecostalismo

O pentecostalismo não é recente no Brasil. As levas pioneiras de missionários chegaram na primeira década do século XX, inaugurando duas das mais importantes igrejas pentecostais no Brasil: a Congrecional e a Assembléia de Deus. Desde o início, de década para década, o movimento foi se ampliando em termos espaciais e numéricos (Mafra 2001). Tanto é assim que Decol (1999), em uma análise dos censos de religião, chama atenção para a constância da expansão dos evangélicos na população ao longo de toda a segunda metade do século: desde 1940 a taxa geométrica de crescimento anual dos evangélicos girou em torno de 5%. O último censo 2000 indicou que cerca de 15% da população brasileira é evangélica, a maioria pentecostal.

Contudo, esse crescimento constante não espelha uma recepção tranqüila. Como muitas das denominações pentecostais nasceram e se desenvolveram implementando experimentos organizacionais e noções do divino típicos das classes populares, muitas das reações de aversão e de intolerância nada mais foram que atualizações de preconceito de classe. A memória de várias gerações de evangélicos está pontuada por eventos de conflito, situações de perseguição, estados de exclusão.

Ao mesmo tempo, aspectos específicos da cultura católica local, como uma lógica de reprodução social a partir da composição de alianças, típica de um catolicismo amplamente aceito pela população e uma Igreja Católica fortemente atrelada ao Estado, geraram uma forte autopercepção minoritária entre os evangélicos. Os evangélicos rejeitaram, desde o início, a lógica "aliancista" católica, reinvidicando o direito a um lugar social específico. Nessa trajetória histórica, os evangélicos acabaram ganhando uma característica fortemente agonística na composição de identidade. A expressão máxima desse estilo é a Igreja Universal do Reino de Deus.

Mais além, a ênfase na contraposição em uma formação social escassamente institucionalizada permitiu que as igrejas evangélicas se desenvolvessem promovendo certa organicidade social por meio de seus núcleos – templos propriamente ditos, redes de auto-ajuda, sociedades de ação social, escolas de alfabetização e ensino formal, empresas midiáticas.

Não podemos, entretanto, afirmar que essa dinâmica desembocou necessariamente em um processo de institucionalização social, porque, fruto da falta e da oportunidade, são vários os indícios de que muitas das redes evangélicas articulam-se não por um padrão universalista de composição de instituições, mas segundo um padrão corporativo.

Não é sem razão, então que, na comparação dos evangélicos no Brasil com outros contextos nacionais, Freston (2001) chegue a um julgamento um tanto severo, pois sugere que, se ao longo das décadas os evangélicos ganharam espaço e visibilidade na sociedade brasileira, infelizmente o fizeram dando livre curso a muitos dos vícios e enganos antes apequenados.

Em Portugal, pelo contrário, os pentecostais não encontraram visibilidade pública e tiveram desde sempre seu espaço de atuação reduzido. Os pentecostais de primeira onda, como a Assembléia de Deus, também se estabeleceram em Portugal em levas no início do século. Também eles experimentaram uma história de perseguições nos primeiros anos, que acabou por estacionar em meados do século XX. A rede das Assembléias de Deus foi, no caso, um órgão fundamental na promoção da legitimidade dessa minoria, à medida que tratava como escândalo a ação violenta que porventura surgisse em Portugal. A denúncia no exterior foi um elemento fundamental na sua defesa.

Outras igrejas pentecostais mais aguerridas e mais recentes, como a Universal, também não deixaram marcas profundas no país. Pelo último censo 2000, sabemos que os protestantes continuam amplamente minoritários (cf. nota 6).

Em visita recente a Portugal, pareceu-me que a IURD, depois de 14 anos no país, estacionou em seu crescimento. Provavelmente a igreja sequer possui os 90 templos que anunciava ter em Lisboa e nas aldeias e cidades do interior em 1998. Nas minhas investigações, cheguei a localizar algumas igrejas fechadas. A composição do público permanece o mesmo: pessoas idosas aposentadas, mulheres e migrantes dos países africanos.

Se examinarmos esse cenário subsidiados pelos argumentos de Grace Davie (1999, 2000), a igreja estacionou em termos de expansão numérica no país, não tanto por uma impossibilidade legal – plausível, uma vez que a nova Lei de Liberdade Religiosa restringiu as liberdades dos cultos com menos de trinta anos no país e atualizou o privilégio de concordata da Igreja Católica com o Estado – mas por uma recusa consensual, baseada em uma sensibilidade educada compartilhada. Trata-se de um acordo religioso decorrente, segundo ela, não da freqüentação efetiva dos centros de culto – pois de fato, são várias as pesquisas que indicam que o vínculo institucional religioso tende a cair na Europa até mesmo nos países católicos mediterrâneos como Portugal – mas ligada a uma "memória vicária". Seu argumento, para além dos índices que indicam o baixo vínculo institucional, é que os europeus continuariam vinculados a uma memória religiosa específica e compartilhada.

Segundo Davie, a Europa seria herdeira de uma memória fruto de três grandes tradições (a tradição monoteísta judaico-cristã, o racionalismo grego e a organização romana) e atualizaria essa memória na pura e simples habitação do mundo, ou seja, em termos dos ciclos de vida (nascimento, casamento, morte), dos rituais coletivos (vide funerais da princesa Diana e de Mitterrand em 1997), da geografia urbana das cidades, dos novos circuitos semi-religiosos de turismo (como o caminho de Santiago de Compostela, as visitações aos centros de aparição de Maria etc.). Dessa forma a autora sugere que o pluralismo à européia teria esta estranha peculiaridade de dar pouco espaço e visibilidade aos novos experimentos religiosos, realizando a heterogeneidade cultural, marco da sociabilidade moderna, em outro lugar.

O argumento é interessante e considero especialmente pertinente para uma religiosidade que, como argumentei algumas páginas atrás, mostra-se especialmente vulnerável à reação externa. Como se efetivaria "esse pluralismo à européia, com sua estranha peculiaridade de dar pouco espaço e visibilidade aos novos experimentos religiosos"?

Para responder à questão, trago aqui um fragmento do meu diário de campo, de um culto a que assisti em Coimbra, em novembro de 2002.

> Depois de salientar a dimensão do sacrifício solicitado por Deus, o bispo relembrou uma categoria que tem sido disseminada na igreja a partir das palavras do bispo Macedo em seu último livro, *A Fé Sobrenatural*.
>
> A pessoa que tem fé – fé mesmo, não fé natural[11] – sabe que o caminho da

11. No livro, Macedo estabelece uma diferença entre fé natural e sobrenatural. Segundo o autor, a fé natural é aquela que todo mundo possui, pois é um instrumento corriqueiro do homem moderno. Ao entrar no avião, ao utilizar o elevador, o homem comum confia na efi-

vitória tem duas pernas: a fé e o sacrifício. Muita gente tem fé, vai à igreja, participa de todas as Campanhas, paga o dízimo, ajuda os necessitados. Mas não faz sacrifício. Quando Deus pede o segundo boi, quando o bispo chama para participar da Campanha de Israel, a pessoa simplesmente responde que já deu o que deveria dar. Há outros que sacrificam tudo – doam colar, participam da campanha, fazem ofertas – mas não têm fé. Na última hora, duvidam que Deus está dando alguma atenção para ela. As duas pessoas são pernetas: uma porque tem fé, mas não faz sacrifício; outra porque faz sacrifício mas não tem fé. Gideão tinha as duas pernas: tinha fé e sacrificou o que tinha de melhor. Deus o atendeu.

Na seqüência, além de apresentar caricaturalmente o crente perneta, esbarrando na mesa no centro do púlpito, o bispo passou a associar, muito literalmente, a adesão ao sacrifício e a participação na Campanha de Israel. Sobre a mesa, ele tinha 256 jarros. Foram trezentos valentes que acompanharam Gideão contra os mediadanitas. Ele anunciava: "quem tem fé, deve aproveitar a ocasião e pegar o seu jarro, participando da Campanha de Israel". Mais adiante, cuidadoso, informava: "Não estou estabelecendo nenhum valor para a pessoa participar, todo mundo pode vir. A pessoa é que deve estabelecer, segundo a sua consciência, o valor do sacrifício". Daí ele chamou para a oração todos aqueles que estavam participando da Campanha de Israel. Muita gente não levantou. Lá na frente, o bispo insistia: era a chance de ter um 2003 melhor, o que havia de melhor de cada um deveria ser sacrificado no dia 15 de dezembro, e o pedido seria levado para a Fogueira Santa em Jerusalém. Algumas pessoas se levantaram e foram à frente, enquanto um outro bom número permanecia sentada. Sem parar de falar no microfone, o bispo dava o jarro aos que se aproximavam, explicava o que fazia, chamava os que estavam fora da campanha, e avisava que só levaria pedidos escritos na folha que estava sendo distribuída na Campanha. Ele não levaria para Israel um pedi-

cácia dos apetrechos que o cercam. A fé sobrenatural é uma potencialização da fé natural, intensamente mais poderosa, e depende de uma disposição ampla de crença e sacrifício. Os bispos e pastores da igreja costumam falar que esta segunda fé deve ser "exercitada" para ser fortalecida.

> do escrito em folha de papel de caderno, ou outra folha qualquer. Só aquela apresentada oficialmente pela igreja.
>
> Depois o bispo chamou para frente, para a bênção, os participantes segundo uma certa classificação dos pedidos na Campanha de Israel. Primeiro aqueles que pediram a casa própria. Foram umas cinco pessoas. [Em Lisboa, estes pedidos maiores envolviam somas específicas. Na igreja da Alameda, os pedidos envolviam somas de 3.000 Euros.] Depois o bispo chamou os que queriam abrir um negócio. Foram mais de trinta. Mais um tempo, e ele chamou as pessoas que estavam pedindo por sua saúde. A grande maioria se levantou. As que pediram pela família e por algo que não foi mencionado. Foram os restantes que oravam em pé. Ao fim da oração, os que não estavam participando da Campanha não ganharam a bênção para o ano seguinte. Esses permaneceram sentados, circunspectos.

Na descrição, chama atenção o aspecto reativo do culto: o pastor e parte do público se relacionam irritando-se mutuamente. O pastor quer explicar uma categoria criada pelo bispo Macedo, que é rica em termos sociológicos, que serve como instrumento de comparação entre crentes da igreja e secularizados, mas acaba perdendo valor no exacerbamento dos contrastes. O crente perneta que o bispo imita caricaturalmente no púlpito acaba sendo recebido como uma piada de mau gosto, como uma falta de compaixão.

Ao longo do culto, por outro lado, o pastor não dá espaço e possibilidade para a emergência daquela multidão em movimento de que falávamos páginas atrás. O bispo relaciona-se com a multidão procurando ordená-la segundo os valores da oferta doada. Neste caso, é o próprio pastor pentecostal quem promove um enrijecimento da multidão pela reposição da desigualdade monetária vivida na cidade para o interior do templo.

Como resultado final, a hesitação entre o apego a uma divindade grandiosa que ajuda seus fiéis a lidar com um futuro propositivo e o apego à riqueza se resolve pelo seu lado mais mundano, na realização de um culto cujo fim é, escancaradamente, o pedido de dinheiro. O bispo realiza aqui a redução de uma dinâmica religiosa que poderia ser mais complexa.

Como poderíamos esperar, o resultado desse empobrecimento é catastrófico: a falta da hesitação entre maravilhoso divino e grandioso mundano faz com que a acusação, compartilhada pela opinião pública externa, entre pela porta da frente da igreja, promovendo a rebeldia dos fiéis. No culto, os fiéis rebelados parecem revalorizar concepções de um cristianismo amplo: o Espírito Santo não cobra para atuar; a participação na Santa Ceia é uma questão de foro íntimo; a oração coletiva pelos seus é importante.

Para ultrapassar a barreira reativa, os pastores brasileiros teriam de, de alguma forma, ir além do senso de grandioso impresso em algumas das mais belas igrejas católicas portuguesas. Ao pretender desestabilizar as religiões históricas, apresentando uma nova religiosidade que não está voltada para o ressurgimento de algum *communitas*, ou para a valorização do exótico, os pentecostais da IURD tornaram-se vulneráveis por todos os lados, revelando-se os mercenários que são acusados de ser.

Em Portugal, nos últimos anos a reação contra a IURD é tamanha, que sequer é preciso recorrer a argumentos lógicos. Como fez um *site* turístico de Lisboa, basta indagar diante da imagem da Igreja Universal do Reino de Deus da Alameda Afonso Henriques: “A imagem do reino de Deus?” [Figura 2]. Todos os sentidos, não apenas a visão, mas as noções sensuais de forma e de proporção da opinião pública majoritária portuguesa concordam com a resposta negativa. Ainda que os fiéis da igreja discordem, um senso estético mais amplo e compartilhado corrobora que Deus não habita aquele lugar.

No Rio de Janeiro, também podemos localizar uma certa disputa das igrejas pentecostais com outros referentes urbanos. Mas muito usualmente, as igrejas simplesmente importam os valores desses outros templos urbanos, como os shoppings, centros financeiros e parques de diversões, para a imagem do sagrado. Na periferia, o destaque da Catedral Mundial da Fé, da Universal, é notável [Figura 3]. Segundo o nosso argumento, não porque transfere as qualidades dos shoppings para o seu relacionamento com as multidões, mas porque trouxe do chão um prédio que tem uma forma que responde docilmente às noções de divindade e de necessidades da multidão que o ocupa.[12]

Contudo, foi em Ariquemes, em uma igreja construída a duras penas, da reunião de recursos escassos e fragmentados, que encontramos o expoente mais claro da emergência de uma estilística pentecostal. Aquela igreja é fruto de um trabalho coletivo, quer em termos indiretos, com a comunidade financiando a obra, quer em termos diretos, pois os pedreiros e carpinteiros são também pastores, diáconos e membros da congregação. Eles, enquanto artistas e técnicos, imprimiram uma forma peculiar na fachada do templo e na sua estrutura, estabelecendo uma evidente homologia com o sentido do maravilhoso que o coletivo compartilha em outras situações sociais.

O último ponto diz respeito a um aspecto fundamental: por mais que um dos princípios da construção do templo crente seja a sedução dos inimigos (os não crentes) pela exibição de uma obra grandiosa, os crentes de Ariquemes correram o risco de não submeter a sua obra aos protótipos produzidos em tradições que não a sua. Ao correr o risco, eles escaparam da produção da réplica, de eles próprios serem capturados por um protótipo produzido em outro lugar, armadilha cultural que está impressa no conjunto da Catedral da Fé, no Rio de Janeiro.

Eles assumiram o risco de uma certa auto-referencialidade sem serem mal sucedidos em termos da sedução externa. Em Ariquemes, a igreja pentecostal está em pé de igualdade com a concorrente católica. Por mais que a segunda tenda a atrair parte da elite, enquanto a primeira atrai a população da periferia da cidade, é na segunda que a referência ao maravilhoso se liga a uma presença na horizontal, sem muitas divisões ou posições fixas. Naquela igreja, essas qualidades, homólogas a processos experimentados por boa parte dos cidadãos do lugar, não são depreciadas ou ignoradas. Ali elas recebem sentido e ganham valor, estabelecendo, para a congregação e o público mais amplo, a identidade da habitação do "bom e belo" na cidade.

---

12. Ainda que a literatura sobre pentecostalismo e neopentecostalismo trate como problema menor a questão dos templos religiosos, autores como Kramer têm chamado atenção para a importância das construções dos templos e dos objetos na dinâmica religiosa da Igreja Universal do Reino de Deus. Porém, Kramer (2002) entende que os novos templos pentecostais nada mais são que outro aspecto do processo de comodificação da religiosidade, em uma dinâmica que traz no seu bojo a facilitação da circulação e universalização do movimento religioso. Nesse sentido, ele sepulta qualquer pretensão de singularidade da construção do templo religioso pela congregação. Meu contra-argumento é que cada nova igreja, mesmo que faça parte de um projeto proselitista global, instala-se em uma paisagem urbana singular em um complexo de relações sociais específico.

Referências Bibliográficas

ABRAMS, M. H. *Natural Supernaturalism: tradition and revolution in romantic literature.* Londres: Oxford University Press, 1971.

DAVIE, Grace. Europe: the exception that proves the rule?. In: BERGER, P. (org.). *The Desecularization of the World: resurgent religion and world politics.* Washington: William Eerdmans Publishing Company, 1999.

DAVIE, Grace. *Religion in Modern Europe: a memory mutates.* Oxford: Oxford University Press, 2000.

DECOL, René. Mudança religiosa no Brasil: uma visão demográfica. *Revista Brasileira de Estudos de População*, 16 (1/2), 1999. p. 121-138.

FRESTON, Paul. *Evangelicals and Politics in Asia, Africa and Latin America.* Cambridge: Cambridge University Press, 2001.

GELL, Alfred. The technology of enchantment and the enchantment of technology. In: COOTE, J. e SHELTON, A. (orgs). *Anthropology, Art and Aesthetics.* Oxford: Clarendon, 1995.

GELL, Alfred. *Art and Agency: an anthropological theory.* Oxford: Claredon Press, 1998.

GIFFORD, Paul. *African Christianity: its public role.* Londres: Hurst & Company, 1998.

HIGBIE, Robert. *Dickens and Imagination.* Gainesville: University Press of Florida, 1998.

INGOLD, Tim. The poetics of tool-use: from technology, language and intelligence to craft, song and imagination. In: *The Perception of the Environment – essays in livelihood, dwelling and skill.* Londres: Routledge, 2001.

KRAMER, Eric. Making Global Faith Universal: media and a Brazilian Prosperity movement. *Culture and Religion*, 3 (1), 2002. p. 21-47.

MAFRA, Clara. *Os Evangélicos.* (Coleção Descobrindo o Brasil) Rio de Janeiro: Jorge Zahar Editor, 2001.

MAFRA, Clara. *Na Posse da Palavra: religião, conversão e liberdade pessoal em dois contextos nacionais.* Lisboa: Imprensa de Ciências Sociais, 2002.

SHAPIRO, Meyer. Style. In: PHILIPSON, M. (org). *Aesthetics Today.* Cleveland and Nova Iorque: The World Publishing Company, 1971.

TODOROV, Tzvetan. *The Fantastic: a structural approach to a literary genre.* Cleveland/ Londres: The Press of Case Western University, 1973.

VELHO, Otávio. Globalização: Antropologia e Religião. *Mana*, 3 (1), 1997.

Notas sobre a Pulsação entre Pentecostes e Babel

o caso de Paulo Coelho e seus leitores

Pablo Semán

Notas sobre a Pulsação entre Pentecostes e Babel

O caso de Paulo Coelho e seus leitores

Pablo Semán

De Pisa, em inglês ou italiano, Giulia escreve articuladamente. E quando se refere a seus sentimentos, é impossível não perceber que faz um esforço para ressaltar a singularidade de suas vivências e para descartar os clichês pré-estabelecidos e facilmente disponíveis. A infância vivida ao lado de uma frondosa e canônica biblioteca familiar e uma adolescência percorrida entre os influxos da psicanálise, da literatura romântica e de um catolicismo atualizado fizeram dessas influências a superfície de acolhida de um Paulo Coelho que lhe serviu como apoio para a possibilidade de conexão com seus sentimentos e seus conflitos e de uma abertura que a teria tirado do autismo que imputa aos momentos mais conflitivos e intimidadores de sua adolescência. Na Bolívia, Marcos inaugurou um sítio na internet no qual, com abundância de erros de ortografia, se desenvolve uma montagem de motivos e proposições que, imagino, surpreenderá a maioria dos leitores deste artigo: o manual do guerreiro da luz de Paulo Coelho, os autores da Teologia da Libertação e Che Guevara formam um tríptico que baliza o posicionamento contra o neoliberalismo, o belicismo e o imperialismo. E, em uma favela do Rio de Janeiro, à luz do mesmo autor, identificando-se parcialmente com as peripécias do protagonista de *O Alquimista*, um jovem elabora a sua passagem do emprego público para o mercado.

Vinhetas de leitores que nos aproximam dos fenômenos que mais adiante descreveremos, como a bibliotequização da religiosidade ou como um efeito inesperado da difusão das aptidões letradas, no marco do predomínio de uma visão cosmológica que pressupõe a preeminência do sagrado na estrutura e na experiência da realidade. Nessas experiências de leitura, são guiados pelos textos produzidos por um homem cujo trajeto une e recompõe os limites dos caminhos percorridos por uma parte significativa da larga faixa das classes médias no último meio século. Em sua trajetória e sua escrita, desestabilizando fronteiras e categorias, Paulo Coelho une a contracultura e a espiritualidade alternativa, o catolicismo e a Nova Era, a ênfase na autonomia subjetiva e os esforços de participação no mundo dos bens materiais que os anos 90 exacerbaram. A galáxia que se forma entre esse literato, as diversas tradições que sua produção invoca, os movimentos da indústria do livro e as condições que incidem nas trajetórias dos que se tornam seus leitores e em suas operações de apropriação têm duas características que desenvolveremos ao longo deste artigo: o encontro entre Coelho e seus leitores revela a existência de comunidades de leitura de horizontes e perspectivas globais e admite a alteração da consistência de – e das relações entre – campos segmentados de experiência como literatura, religião e contexto nacional.

A emergência de uma comunidade universal de leitores (facilitada pela atividade de síntese encarnada por Coelho) e a aparição de modos de interpretação que transcendem os contextos nacionais, mas que nesse plano universal se diferenciam entre si, consumam a oscilação que o título desse artigo pretente condensar: de um lado, a fusão universal de espiritualidades e ânimos promovida pelo escritor (um Pentecostes) e, do outro, a fragmentação que se opera na plataforma emergente quando aparecem modos de interpretação específicos (uma nova Babel?). Apenas mais uma indicação: esta oscilação não é pura circularidade, puro retorno ao início. Ao longo de seu processamento surgem novidades: aparece uma plataforma de experiências mais ampla e caem as fronteiras que, na experiência de massa, separam religião e literatura.

Essas duas realidades aparentemente heterogêneas são reunidas no mesmo quadro, no sentido que Velho (1997) outorga ao termo globalização: quando os atores possuem o mundo por horizonte e há uma possibilidade de intercâmbios e compreensões universais, temos, também, a queda dos dialetos particularistas. Entre eles, se encontram as formas de divisão da experiência que boa parte da sociedade contemporânea consagrou: a divisão entre psicologia, religião e literatura, por exemplo.[1]

1. Exercício: condições de possibilidade de modos de interpretação globais

Na base da difusão mundial da obra de Coelho estão dois fatores que pertencem ao pólo da oferta, da produção, da emissão ou da indústria cultural (de acordo com a chave teórica que se preferir) e que tomaremos como dados. O primeiro se refere ao conteúdo de sua literatura. Os livros de Coelho são, em geral, narrações nas quais os personagens enfrentam dilemas morais como os que dizem respeito a reconhecer e atuar de acordo com seus desejos, suportar e interpretar as experiências ruins, e aceitar que nem tudo o que fazemos depende de nós mesmos, mas que as decisões de cada um importam e são necessárias. Na elaboração destes temas e conflitos, Coelho vai além da simples introdução de uma dimensão espiritual do relato: faz do mesmo uma parábola de uma ou várias tradições religiosas que traduzem essa dimensão espiritual, de maneira que a reflexão moral, desejante e muitas vezes individualizante é, ao mesmo tempo, religiosa.[2] A espiritualidade da Nova Era implica, junto com uma expectativa de transformação, a hipótese de um plano que transcende a cultura e a linguagem, e ao qual se chega por práticas e não por

1. Os dados que utilizo neste artigo foram coletados entre 2001 e 2003 no contexto de meus estudos de pós-doutorado desenvolvidos no Museu Nacional/UFRJ sob a direção de Otávio Velho e com o financiamento da Ação Induzida Brasil-Argentina do Prosul. Provêm de três fontes diferentes: entrevistas realizadas com leitores de Paulo Coelho; arquivos documentais consultados durante o período mencionado; e os resultados de um questionário aplicado na Bienal do Livro do Rio de Janeiro e na Feira do Livro de Buenos Aires no ano de 2001.

2. "Estatutos 2000", uma pequena declaração de princípios que Paulo Coelho publicou em sua página na internet, enuncia 16 proposições que resumem a ideologia de suas narrações. Duas delas são testemunhas chaves do que afirmamos acima: "Todos os homens são diferentes. E devem fazer o possivel para continuar sendo", e "fica decretado o fim do muro que separa o sagrado do profano: a partir de agora tudo é sagrado".

argumentos (Amaral 2000:132). Conforme esta definição, pode-se dizer que a oferta de Paulo Coelho participa (ao menos parcialmente) dessa espiritualidade, fazendo da narração um dispositivo desse aprendizado pela ação, que a Nova Era espera de qualquer ritual.[3]

O segundo fator é relativo ao papel da mediação editorial. Como afirmaremos adiante, a difusão de Coelho está baseada em circunstâncias que dizem algo a respeito dos seus públicos. Não obstante – e como faz supor o fato de que produtores parcialmente similares não alcançam uma parcela mínima do sucesso de Coelho – essa difusão deve muito à opinião que se faz do escritor. Assim, um dos fatores influentes é o da dinâmica editorial, que resulta eficaz porque aguça, completa e difunde o perfil que lhe permite a mais ampla penetração do mercado, sobre a base de um conhecimento dos *habitus* e motivações que seus livros mobilizam em seus leitores.[4]

Além das muitas facetas do autor e do jogo que o marketing editorial permite ou obstrui, as leituras de Coelho são tão diversas como se poderia esperar do fato de que seus leitores se contam aos milhões e se distribuem por todo o mundo. Esta variação não parece depender tanto das condições nacionais como de combinações típicas e específicas da experiência de ler e acreditar: existem modos de ler que se desenvolvem igualmente no Brasil, Argentina, França ou Itália (embora isto não exclua a possibilidade de que em diferentes contextos nacionais predomine um ou outro tipo de leitura). Alguns dados sobre os leitores de Paulo Coelho na Argentina e no Brasil permitem estabelecer condições mínimas a partir das quais poderíamos conceber a realidade de modos de interpretação transnacionais como os que descreveremos mais adiante.

Em primeiro lugar, deve-se dizer que, tanto na Argentina como no Brasil, os leitores de Coelho pertencem a níveis educacionais que são superiores ao elementar e

3. A consolidação desta afirmação exige-nos uma demonstração que escapa ao espaço deste texto: a analogia entre modos de leitura e rituais.

4. Essa mediação é que, por exemplo, padronizou um modo de apresentação do autor que, com poucas variações, se realiza nos países em que Coelho lança um livro. Esse modo de apresentação, organizado para todo tipo de entrevistas jornalísticas, promove os perfis de Coelho que trabalhamos na terceira seção deste artigo.

abarcam os níveis médios e altos.[5] Em geral terminaram a educação primária e secundária e muitos têm nível universitário. Embora sob o ponto de vista da crítica cultural a leitura de Coelho represente muitas vezes uma espécie de variação mínima com relação ao analfabetismo, deve-se pensar exatamente o contrário. A leitura em massa de Coelho talvez seja o efeito parcial da ampliação de um fenômeno que é muito mais recente que o aumento das taxas de alfabetização: a expansão da massificação de certas aptidões de leitura e escrita e a ampliação do sedimento de populações que são capazes de transmitir ou impulsionar o hábito da leitura.

Em segundo lugar (e isso indica uma forma específica porém comum de ler e exigir respeito para o autor e seus livros), os leitores de Coelho, independentemente do país a que pertencem, tendem a percebê-lo e classificá-lo mais como um narrador e um romancista (ficcional e, principalmente, testemunhal) do que como um autor religioso ou de auto-ajuda. Editores, analistas e críticos (respectiva e sucessivamente) o classificam como escritor de auto-ajuda, expressão da Nova Era ou qualquer forma de literatura menor, enquanto que os leitores, no nível mais geral, o identificam como literatura, no mesmo sentido em que se aplica esse termo aos livros de García Marquez e Borges, assim como ao *Pequeno Príncipe* e à literatura que, com variações nacionais, acompanha a adolescência.

Terceiro elemento: o que foi dito antes não implica que os leitores de Paulo Coelho não leiam nem valorizem livros religiosos ou de auto-ajuda. Algumas especificidades permitem discernir algumas semelhanças muito relevantes para apreender os traços mais gerais do público de Coelho. É certo que no caso argentino, por exemplo, sua leitura está associada à de autores como Victor Sueyro e Jorge Bucay, que provêm, respectivamente, de correntes católicas que revalorizam o carisma, os dons e milagres, e de tendências psicoterapêuticas que operam em nível de massa e oferecem uma normativa que combina preceitos individualistas e doutrinas de teor holístico e orientalista, num movimento que reproduz o conjunto

5. 76,6% dos 150 leitores de Paulo Coelho (para um total de 396 casos), que entrevistamos na Feira do Livro em Buenos Aires, tinham nível universitário incompleto ou completo. Entre os leitores brasileiros entrevistados na Bienal do Rio de Janeiro, 66% tiveram acesso à educação superior (lá, os leitores de Paulo Coelho eram 156 em 376 casos).

da curva da Nova Era. Essa especificidade, porém, é de autores e não de temáticas, já que existem no Brasil autores que ocupam um papel equivalente e que também estão associados à leitura de Coelho. É possível que a presença de um amplo e denso mercado de literatura psicografada seja uma particularidade brasileira, mas é verdade também que na Argentina é e foi amplo o consumo de uma literatura esotérica que aborda temas como o da reencarnação e o da presença de espíritos. Além disso, a importante presença histórica dessas duas vertentes do consumo literário revela a existência de uma ampla camada de leitores que, desde muito antes do aparecimento de Coelho, eram passíveis de uma interpelação que, como a dele, introduz na narração o olhar interior, a reflexão subjetivante e a relação com o sagrado.

A razão por trás disso remete a uma quarta questão, um tanto óbvia, mas que parece ser ignorada toda vez que se pensa que a literatura esotérica, a de auto-ajuda ou a de Paulo Coelho precisam ser explicadas como uma espécie de acidente. Se, como afirma Berger (2001), o terreno em que a secularização ocorre de fato e preferencialmente é a elite composta por pessoas de educação superior no modelo ocidental, é preciso partir de uma premissa para analisar qualquer fato de massa da cultura contemporânea: o caráter positivo que as diversas categorias do sagrado assumem para os setores majoritários da população de qualquer país. Para se precaver de eventuais dúvidas, é preciso dizer que não há nenhuma relação mecanicamente positiva entre os fatores antes mencionados (crescimento da alfabetização, da escolarização e das luzes em geral) e a secularização. Os leitores de Coelho são escassamente secularizados e, em um grau importante, pertencem a famílias espirituais bem definidas. São católicos, pentecostais, espíritas ou participam de cultos afro-brasileiros; e embora conheçam as sanções que a ortodoxia denominacional lança contra Coelho, eles as rechaçam. E isso não se deve ao simples exercício de uma autonomia concebida negativamente como ausência de constrições, mas também à mobilização de uma série de condições próprias de suas trajetórias, entre elas as que mencionamos quanto à valorização dos livros e preferências literárias no decorrer das experiências que integram a leitura de Coelho. Todas essas experiências se parecem porque combinam a experiência da narrativa com a da religião e da reflexão subjetiva. Os tipos que descrevemos no ponto seguinte se diferenciam entre si no modo como se dá essa combinação.

2. Paulo Coelho Segundo Bibliotecas e Leituras

Esses tipos emergem a partir de diferenças evidentes no modo de acesso aos livros, nas classificações que os dispõem nas bibliotecas, e nas experiências em meio às quais a leitura produz sentido para alguns atores. Cada um deles encarna um modo de leitura típico, recorrente no conjunto das entrevistas que foram efetuadas em diferentes contextos nacionais.

2.1. Acessos e coleções

Edílson, um leitor brasileiro, teve acesso a *O Alquimista* – um dos títulos mais vendidos da obra de Coelho – no seio de uma pequena rede de intercâmbio na qual circulam afetos, conselhos, recomendações, interpretações e, em função disso, objetos: ora livros, ora discos, ora poemas e, na maioria das vezes, conversas. Chegara-lhe de longe, através de um comentário que acreditava ter lido num jornal – provavelmente ouvira isso de alguém, pois Edílson raramente lê jornais –, a informação de "que não era um escritor muito legal", mas preferiu a recomendação personalizada de um amigo àquela pela qual recebia boa parte dos livros que leu e/ou possui. Jorge, o amigo, insistira em que o livro seria bom para sua vida e lhe contou um pouco da vida do autor.

Graciela, uma leitora argentina foi a um livreiro de sua confiança para comprar um presente e, fazendo uma exceção à sua própria regra, aceitou uma recomendação entusiasta para dar de presente um livro que não lera. O livro em questão era *Manual para o Guerreiro da Luz* de Paulo Coelho: os livreiros, a indústria editorial e a crítica erudita consideram que o livro pertence ao gênero pouco valioso da "auto-ajuda", mas Graciela, que é bibliotecária, consumidora do gênero e desconhece esse rótulo, prefere catalogá-lo como livro de filosofia, numa ação que tenta prestigiar o valor supostamente baixo do gênero, mas vai muito além de uma simples manobra de distinção. Entre um e outro caso há a mediação da diferença do peso diferencial dos especialistas na autorização da leitura: no caso de Graciela, será um profissional do ramo que recomendará o mesmo livro que, no caso de Edílson, será autorizado e posto em circulação por alguém de sua rede de afetos e cumplicidades.

As diferenças continuam no nível da biblioteca em que ambos exemplares dos livros de Coelho ingressarão. Graciela tem na mesa de cabeceira quase tantos livros como Edílson em toda sua biblioteca: entre os dez livros de que dispõe Graciela ao lado de sua cama, encontram-se *Ulisses* de Joyce, um livro de Deepak Chopra, o *Elogio da Loucura* e outro sobre as pirâmides maias. Na biblioteca de Edílson, convivem livros de coleções incompletas que foram lançados por um jornal, livros da Igreja Católica e manuais sobreviventes do colégio.

A diferença nas quantidades condiz com a que as dinâmicas de composição e os conjuntos resultantes evidenciam. Esses leitores e suas diferenças recíprocas nos exigem ampliar e relativizar as idéias de biblioteca e classificação, assim como evitar as falsas sinonímias que poderiam derivar da presença de alguns livros comuns a muitas bibliotecas ou de declarações de amor à leitura previsíveis porque socialmente prescritas. Se muitos dos leitores deste artigo poderiam opinar que escrever "a biblioteca de Edílson" é cometer um eufemismo que desdramatiza a carência de estímulos literários, a distância em relação a um patrimônio básico de cultura, é preciso dizer que essa coleção é o resultado de uma atividade que funcionaliza e, por isso, conserva aquilo que foi recebido de uma forma comparativamente "passiva" no caso de Graciela. Guardar, registrar, acionar os recursos desses livros, em condições em que a leitura é uma atividade estranha, porque distrai do grupo, "tira força" ou não tem utilidade, não é uma tarefa simples.

Semelhante acúmulo de livros é o efeito de um dispositivo que, aliando a valorização dos livros e das letras – seja pela positividade ou pelo brilho que as experiências estéticas adquirem em experiências sociais de ascensão que as consideram um degrau – à penetração duradoura da escola – e suas conseqüências de alfabetização praticamente disponível para proezas que vão muito além da assinatura ou da leitura de manchetes de um jornal –, desbloqueia parcial e seletivamente o circuito de sanção/inibição da leitura. E na tensão entre as circunstâncias que ora valorizam, ora estigmatizam as letras, a suposta passividade de Edílson encontra parâmetros que nos mostram tudo o que ele precisou fazer para compor um conjunto de livros que, como veremos depois, faz parte de seus recursos vitais com uma intensidade que chamaria a atenção de quem tem uma "verdadeira biblioteca". Na classificação de Edílson, "*O Alquimista* pertence à categoria dos livros 'que fazem pensar na vida'". Uma categoria que pode parecer pobre ou vaga, mas cuja lógica resulta parcialmente iluminada pela que Diogo, outro leitor brasileiro, uma vez me explicou. Romances, contos, frases, bilhetes são o que ele chama "texto" e um "texto" pode ser para reflexão, pensamento ou estímulo. Reflexão e pensamento são bem semelhantes, embora reflexão seja uma coisa que se usa para um esclarecimento pessoal, enquanto pensamento sirva para se conscientizar sobre algum fato relevante (discriminação, preconceitos de vários tipos etc.). Estímulo já diz tudo: é como um livro inteiro de auto-ajuda numa folha de papel. Se Diogo, diferentemente de Edílson, utiliza e conhece a idéia de livro de auto-ajuda, é porque está em contato mais estreito com o mundo de classificadores profissionais de livros. Mas isso não deve obscurecer o fato de que sua idéia de "texto" reflete o tipo de ações que tanto ele como Edílson executam com os livros e que estrutura suas bibliotecas: o corrimão constante de mensagens de consumo pessoal no contexto de uma solidariedade afetiva de geração na qual, paralelamente à igreja, à namorada e à família progenitora, apresentam e resolvem inquietudes e pesares. Não só isso: Diogo os chama "textos" porque não necessariamente são escritos, mas também imagens, canções, elementos de uma série de materiais simbólicos que pertencem a séries que para nós são heterogêneas.

A coleção de Graciela é mais "clássica": compra livros que lhe agradam porque conversa com pessoas que entendem de livros; porque o autor, do qual já conhece vários livros, editou um novo e merece sua confiança; porque está interessada em avaliar o total da produção desse autor; ou em ver como conta uma história que ela já conhece por outro narrador. A biblioteca de Graciela, assim como a verdadeira biblioteca, inclui e distingue o romance, a poesia, a filosofia, a ciência social, a psicologia. Mas, diferentemente da biblioteca canônica, integra em algumas dessas categorias, e como livros notáveis, biografias e testemunhos de experiências espirituais extraordinárias, livros de auto-ajuda, de ioga e manuais sobre religiões orientais que não analisa nem historiciza, mas, antes de mais nada, prescreve. Poderíamos dizer que sua biblioteca é apenas um remedo bem intencionado da "verdadeira biblioteca", se levamos em consideração que ela classifica sua coleção com os mesmos gêneros que bibliotecários, editores e acadêmicos, mas executa "mal" a distribuição nas estantes, tornando comparáveis Trigueirinho (um autor que na cultura acadêmica só pode ocupar o papel de objeto de estudo) e Freud, porque "são os dois autores que trataram melhor o tema dos sonhos".

Vejamos um pouco mais as classificações em sua positividade e poderemos melhorar nossa impressão. Na biblioteca de Graciela, Trigueirinho, Deepak Chopra e Paulo Coelho estão ao lado de Freud, Platão e Erasmo de Rotterdam. A re-semantização das categorias estabelecidas e a re-simbolização do que chamamos, quase depreciativamente, de auto-ajuda constrói uma rubrica que, para Graciela, contém os seis autores: abarca, como diz Graciela, "todas essas perguntas que tentavam nos enfiar na cabeça nas aulas de Filosofia e que nós, por falta de experiência, não conseguíamos entender" ou, mais taquigraficamente, "filosofia" e, como se fossem vocábulos permutáveis: psicologia, busca espiritual, autoconhecimento. Poderíamos dizer que sua biblioteca, apesar de utilizar termos da classificação dominantes e integrar muitas unidades muito parecidas com essa classificação, opera com uma sintaxe e um centro de gravidade diferentes, modificando a relação entre as unidades e valorizando de uma maneira imprevisivelmente positiva livros que a biblioteca canônica consideraria menores. Assim, não se trata simplesmente de um mau uso de regras únicas, mas de uma ordenação que recorre a termos que também estão presentes na lógica dos editores, dos acadêmicos e dos críticos. Poderíamos dizer que a interpretação de que Graciela remeda a boa classificação é tão errada quanto aquela que um falante do espanhol faz ao identificar no português uma modalidade arcaica de sua língua.

Giulia, que vive em Pisa, oferece um perfil notoriamente contrastante com os dois anteriores. A família não só lhe infundiu o respeito genérico aos livros e à educação, mas lhe forneceu uma ampla biblioteca na qual, segundo ela, se alinham "de Proust a Tolstoi, de Shakespeare a William Blake, de Agatha Cristhie a Karen Blixen, de Isabel Allende a Pennac, passando por Joyce, Hesse, Kafka e, naturalmente, as obras dos grandes escritores e poetas italianos (Leopardi, Pirandello, Pascoli, Dante Alighieri, Boccaccio, Manzoni)". A formação escolar e familiar se reforçam mutuamente na formação de um hábito de leitura intensa, ampla e organizada por categorias de classificação que dependem dos gêneros, da nacionalidade e do caráter mais ou menos clássico dos livros. Nessa biblioteca entram também todos os livros de Coelho em usos de leitura que descreveremos abaixo, junto com os que realizam Graciela e Edílson. É que o significado de ubiqüidade de Coelho em bibliotecas tão diferentes não pode ser conjeturado sem uma referência às experiências de vida e de leitura em que esses livros se inserem. Do ponto de vista de Edílson, de Graciela e de Giulia, a leitura de Coelho é, antes de mais nada, a experiência de desfrutar da narrativa, mas, além disso, é uma experiência de constituir e resolver formas específicas de aflição. Veremos como cada uma se desenvolve e a forma como literatura e religião se comprometem nelas.

2.2. Experiências de leitura

(i) Graciela nasceu na Argentina, numa pequena cidade vinculada ao desenvolvimento da pampa úmida, região agrícola e próspera da Província de Buenos Aires, na qual convivem pequenos e médios proprietários sem grandes problemas econômicos, ao menos até as gerações em que a subdivisão dos campos passou a comprometer as rendas se não havia diversificação da atividade econômica. Os habitantes da cidade conseguiram ascender: a geração dos progenitores de Graciela era de trabalhadores de baixa qualificação e nossa informante, que estudou na universidade, voltou à sua cidade qualificada para administrar a biblioteca pública que é consultada por uma população escolar considerável. A trajetória ascendente se condensa na anedota infantil de que a atual biblioteca recebeu a primeira doação quando seu tio resgatou um livro de um saco de lixo da rua enquanto trabalhava como gari para o município.

Livros e religião iam por caminhos relativamente separados na vida de Graciela que lia para se divertir ou para trabalhar. Era uma católica engajada com as atividades e com uma intensa vivência dos sacramentos. Aos trinta e dois anos, quando se separou porque considerava isso "inevitável", teve de começar a computar entre as perdas uma que lhe doeu particularmente: o direito de comungar. Para além da proibição dogmática, encontrava-se a particularidade da situação: o sacerdote da paróquia foi inflexível e isso lhe fechou as portas em toda a cidade onde, às instruções sacerdotais, somavam-se as reservas potenciais dos que, se houvesse permissividade do clero, fariam valer o protesto e a sanção do laicato. Ia à igreja, ficava atrás na hora de receber a hóstia e se frustrava. Esse é o contexto em que Graciela começou a ler sobre "outras religiões" para se informar e para ter algum alívio espiritual. Essa atividade não mudou sua inscrição denominacional, já que ainda hoje quando se declara entusiasmada pelas religiões orientais mantém sua identificação como católica; mas, como veremos, mudou sua leitura e sua forma de experimentar o religioso.

O encontro com as religiões orientais através dos livros tem para ela os traços de uma pequena epifania que lembra o encontro infantil com seu primeiro livro trazido do lixo. Cumprindo sua função de bibliotecária, organizara uma festa para coletar livros e, depois da divisão de todas as doações, encontrou um que ficara sem designação: um livro sobre ioga e concepções hindus sobre o sofrimento, que a ajudou a redefinir seus sentimentos diante do conhecimento recente de um exame que diagnosticara a existência de um ameaçante tumor. As leituras ativaram um processo semelhante ao que se realiza em algumas práticas de meditação: a visualização de si mesmo atuando, a identificação das repetições, os vícios dos pontos cegos desse acionar, constituindo uma espécie de automonitoramento que permitia a reflexão crítica, a vivência e a aceitação dos próprios limites. Graciela leu Coelho como um dos textos que faziam parte desse caminho de leituras reparadoras que, ao mesmo tempo, se originaram de um percurso de diversificação e enriquecimento espiritual. Coelho se localiza num ponto de cruzamento das categorias em que Graciela classifica suas leituras: por um lado, pertence à categoria de "filosofia" já mencionada e, por outro, pertence à categoria de narrativa, como mostra sua comparação crítica na qual afirma que o que não gosta de Coelho é que ele não declara, como Borges o fizera, as fontes das histórias das quais é, apesar da emenda, um grande recriador. Com a condição de que se entenda que essas são suas coordenadas, pode abordar-se o fato de que Graciela leia outros autores do gênero que comumente chamamos auto-ajuda e efetue contrastes críticos que revelam os critérios de sua preferência: o caminho de Santiago parece-lhe mais bem descrito no livro de Shirley MacLaine do que pelo *Diário de um Mago* e considera que Trigueirinho fala com mais autoridade experiencial que Coelho, que, a seu ver, "exagera, inventa". Mas se tudo isso relativiza ou rebaixa o valor de Coelho em relação a outros autores, Graciela destaca o fato de que a leitura de *Manual do Guerreiro da Luz* parece-lhe proveitoso para elaborar seus sentimentos: "como uma bússola" que lhe permite esclarecer seu rumo, aceitar sua vontade e confiar na versão da providência que constitui a linguagem de sinais que Paulo Coelho lhe fez descobrir.

Junto com as leituras, a religiosidade de Graciela se transformou em vez de desaparecer. Ela continua afirmando sua inscrição denominacional e sua parcialidade em relação a práticas e figuras de oração aprendidas ao longo da sua vida. Mas sua definição do sagrado se recompôs junto com a orientação das práticas. De um lado, as perguntas das crises vitais (a interrogação do íntimo e do pessoal) levaram-na a desenvolver uma espiritualidade que, apoiada no eu, sai em busca de regras do bem viver que constituem uma "filosofia". A experiência do sagrado é o resultado de uma flexão que produz outra consciência e não de um contato com um plano transcendental e pré-constituído. Surge daí uma fé que, imbuída dessas novas expectativas e padrões, poderíamos dizer que se "bibliotequizou": o recuo quase forçado à intimidade se resolveu numa imersão nos livros, na subseqüente reconstrução das categorias espirituais e na posterior substituição do ritual da comunhão pela viagem aos mais diversos lugares sagrados e pela introspecção, para em seguida se especializar numa intensa atividade espiritual que a coloca no centro de uma rede de amizades nas quais faz circular, pedagogicamente, os resultados de sua própria busca ou os materiais que lhe permitiram realizá-la.

(ii) Edílson mora na favela da Rocinha, no Rio de Janeiro e, nos anos 90, viveu uma situação prototípica: a empresa de serviços públicos na qual trabalhava, que fora privatizada, oferecia-lhe a opção de demissão voluntária e ele devia escolher, então, entre a segurança muito relativa de se manter em seu posto ou a exposição aos riscos de um mercado de trabalho que, daquela época em diante, não deixou de piorar.

A decisão de Edílson integrou, entre outros componentes, uma leitura de Paulo Coelho que lhe permitia compatibilizar dois vetores relativamente contraditórios de seu universo de crenças. Por um lado, Edílson se identifica com um sonho de progresso pessoal encarnado na idéia de "não ser favelado", de transcender não só a pobreza, mas o que às vezes lhe parece sua causa: as atitudes de espera passiva por soluções. Por outro lado, Edílson participa de uma concepção específica do religioso que resulta anterior à adesão a qualquer denominação religiosa (ele mesmo e sua família cultivavam crenças espíritas e católicas): em vez de supor uma cisão entre o sagrado e o profano, entre o aqui-e-agora e o além, como muitos dos sujeitos que pertencem ao mundo popular, postula a imanência do sagrado, sua característica de dimensão maior e constitutiva da totalidade na qual vive, de forma tal que os fatos sempre, em algum grau, são determinados pelo sagrado.

Sua leitura de *O Alquimista*, influente na elaboração de suas decisões, dava conta dessas duas premissas. Para ele, como para muitos leitores, uma única frase tem tantas potências quanto o livro inteiro: um trecho que de alguma forma remete à sua situação e ao mesmo tempo a modifica porque permite estabelecê-la ou fixá-la como uma possibilidade no caos de representações e emoções. Uma passagem de *O Alquimista* cumpre esse papel: seu protagonista tinha se conformado com a cômoda posição alcançada numa pequena loja que parecia lhe assegurar a sobrevivência, depois de ter atravessado dificuldades imensas a caminho dos seus sonhos. Um pássaro na mão ou cem voando? Edílson encontra nisso uma familiaridade com seu dilema pessoal. Mas enquanto o protagonista de *O Alquimista* se debatia entre a mediocridade e o risco, Edílson sabia que seu afastamento voluntário era forçado, pois não seria estranho que a empresa o demitisse com a mudança do regime trabalhista. O que acontece não é uma simples "identificação" (no sentido psicanalítico), mas um processo de simbolização mais abrangente que viabiliza o fenômeno que descreve: "O texto vem liberar algo que o leitor levava nele, de maneira silenciosa. E às vezes encontra ali a energia, a força para sair de um contexto em que estava bloqueado, para diferenciar-se, para transportar-se a outro lugar" (Petit 2001:48). A leitura forneceu uma forma possível de assumir a constrição da realidade: Edílson acabou optando pela demissão voluntária. E se não é com livros que ocorrem essas resoluções, também não é sem Paulo Coelho que se instaura e se define a volição de Edílson, que lembra uma fórmula que lhe serve como *leit motiv*: "uma vez decidido um caminho uma conspiração se desata a seu favor", diz o trecho que idealiza a confiança em si mesmo como ponto de partida e como combustível de uma forma de presença ante os fatos que os obriga a acontecer.

A fórmula retida por nosso leitor padece de uma ambigüidade cujo sentido se revela em outros momentos da leitura. Se há uma conspiração do mundo, já não existem fatos absolutamente externos e o indivíduo da decisão não é independente dessa totalidade que o empurra. Não é à toa que sua leitura sublinha uma idéia complementar à anterior: a alma do mundo se alimenta da realização dos sonhos e por isso os estimula, colocando-os em cada pessoa e dando-lhes a possibilidade de se realizarem. *O Alquimista* refere-se permanentemente à tensão entre o destino e a liberdade e Edílson a interpreta como a forma de fazer um uso sábio da segunda para inscrever a trajetória pessoal numa ordem privilegiada cifrada na primeira. A dimensão da liberdade é entendida como afirmação positiva da vontade, como exercício pleno das faculdades (segundo Edílson, Paulo Coelho lhe permitiu "acordar, ser consciente, usar minha cabeça que, eu já li, se usa menos do que é possível") para realizar possibilidades que, no entanto, são sempre parte de um conjunto: "temos liberdade, mas temos muitos destinos que não dependem de nós, pois estão ditos". A decisão e o movimento a serviço da consecução de um sonho constituem um momento do movimento global que qualifica a operação de Edílson como adesão, promessa, inscrição num regime de trocas com o maior e o mais alto. Assim, na leitura de Edílson, Paulo Coelho confirma uma série de crenças que implicam a continuidade do natural e do sobrenatural, do material e do espiritual e a possibilidade de operar, com rituais e ações, o circuito que une esses momentos. A idéia dos sonhos concebidos como vozes do outro mundo dá nova vigência às crenças afro-brasileiras e espíritas cultivadas em seu lar e presentes na hora de desenhar seu novo rumo: seu atual compromisso com o emprego na área de turismo, seu entusiasmo com a ecologia e com a possibilidade de viajar como guia turístico a Fernando de Noronha não são apenas produto de sua nova orientação no mercado, mas do caboclo muito forte da sua avó e de sua intensa ligação com essa mulher, de origem indígena. Com o Paulo Coelho que o acompanha no movimento em que interroga e protege sua vontade e com o Paulo Coelho que ecoa a religiosidade familiar, Edílson efetua uma síntese que balbucia uma versão silvestre da teologia da prosperidade – articulação teológica que, espalhada no mundo popular a partir do pentecostalismo, coloca em correspondência de diversas formas a graça e os bens materiais.[6] As sínteses de Edílson e da teologia da prosperidade não portam – como às vezes se tem postulado mecanicamente – a presença do espírito protestante segundo Weber. Parte da "maluquice" com que Edílson se autodefine se concretiza num consumo (de tênis, aparelhos de som e também viagens) que seus pais questionam, pois contradiz a lógica alentada por eles da formação de um patrimônio. Sejam quais forem as razões – o curto prazo de suas ocupações, o alto custo econômico que pode ter o projeto das obrigações e o correlativo aumento do lapso de capitalização ou a simples vontade –, a posição de Edílson leva implícito um "*carpe diem*" que não tem a menor familiaridade com a figura clássica. Da mesma forma, temos, mais do que uma racionalização, um movimento de proteção/formulação dos próprios desejos aliado à libertação de um impulso de consumo que caracteriza um produto complexo e singular.

(iii) Giulia tem vinte anos e estuda medicina. Quando criança, lia por obrigação e, na adolescência, por vocação e, de certa forma, por necessidade. O estilo de leitura trabalhado pela escola se torna presente até mesmo na brevíssima recensão do sentido de um livro que impressionou seu ânimo adolescente, *I Promessi Sposi* de Alessandro Manzoni:

> "embora seja do seculo XIX, tenho lido esse livro com muito prazer. Conhecia os fatos dos protagonistas, mas os li igualmente numa respiração, tropeçando nas digressões históricas. No entanto, esse romance me conquistou pelas personagens que o animam, sobretudo aquelas menores... Cada uma delas é uma pequena obra mestra descritiva."

A atenção orientada a dimensões tais como personagens secundários e primários, à trama e à mensagem aparece também em outra leitura que dá conta das coordenadas a partir das quais se aproximará de Paulo Coelho, *Il fu Mattia Pascal* de Pirandello: "um trabalho extraordinário. Um personagem que foge, inventa uma outra vida para transformar a sua não apenas é cativante, mas grandioso por mostrar como é facil tomar a vida nas próprias mãos e mudar para melhor ou para pior". Um momento da adolescência, descrito como anônimo, banal e fechado, encontrará seu fim com leituras que, como a de Coelho, lhe apresentam a necessidade de se comprometer com seus sonhos, se abrir com os outros, admitir seus erros. O declínio católico de sua compreensão não é casual: se, por um lado, a formação religiosa de Giulia está por trás dele, por outro, há sua primeira leitura de Coelho: *Monte Cinco* (um livro que ela, e outros leitores de Coelho, apesar do que o próprio autor diz,

6. Alguns autores, como Mariano (1996), entendem a teologia da prosperidade como um fenômeno restrito ao pentecostalismo e, ainda, a certo tipo de igrejas. Levando em conta a difusão dessa teologia e a porosidade das fronteiras denominacionais – ato destacado por autores como Sanchis (1997) e Velho (1997) – mostrei como a teologia da prosperidade começava a ser compartilhada no conjunto dos grupos evangélicos e, inclusive, no campo católico. Também mostrei como estavam presentes os pressupostos que permitiam declinar uma formulação semelhante, mesmo sem a presença do catalisador pentecostal (Semán 1998).

entendem como uma atualização do texto bíblico). Essa compreensão católica, que tende a opor a magia à espiritualidade correta, concebida como reestruturação anímica, psicológica ou, em todo caso, como descoberta do sagrado do terreno, revela-se numa discussão em que Giulia responde às críticas que rotulam Coelho de "guru" e de "comercial":

> "sua vida de mago de magia negra foi mudada pelo Caminho de Santiago e tem sentido a necessidade de contá-lo pois lhe permitiu mudar: nao é um guru, mas teve vontade de enviar uma mensagem. O que eu tenho entendido é que é possivel mudar qualquer coisa no mundo, que se pode encontrar uma espiritualidade imensa observando o que nos rodeia, que é possível ser feliz acordando."

Se, no caso de Graciela, a fé se desloca da Igreja para a biblioteca onde adquire, modifica e potencializa seu sentido do milagre, no caso de Giulia, que vive no ambiente de um catolicismo que interiorizou a biblioteca e assimilou-se a ela, encontramos algo diferente: a atualização doutrinária de um catolicismo moral que, por meio de Paulo Coelho, encontra uma via certeira para dialogar com as referências da cultura e, especialmente, da adolescência contemporânea. Como continuar sendo católico se já se concedeu ao ecumenismo da Nova Era e à sua redefinição do maravilhoso e do divino, a uma sexualidade e a um erotismo que a Igreja proíbe? E, mesmo antes, como articular o catolicismo a partir da experiência da crise adolescente, das perguntas e das dúvidas sobre o rumo da sua própria vida? Essas parecem ser as perguntas respondidas pelo movimento de Giulia por um Paulo Coelho que pela via das letras surge para ela como um leigo consagrado de novo tipo.

A crítica cultural e a análise sociológica costumam expressar uma convicção que os desesperança: as pessoas lêem cada vez menos porque os livros atraem menos que outros artefatos ou porque, pior ainda, a escola abarca e/ou influi menos na articulação das expectativas e parâmetros dos sujeitos. A ampla difusão da literatura religiosa, esotérica, ou de auto-ajuda não contradiz esse diagnóstico que encontra no viés sacralizante dessa literatura uma confirmação mais preocupante do que, paradoxalmente, deixa de ser percebido como um apocalipse.

No entanto, o caso de Edílson, em vez de verificar essa presunção, fala de algo novo e diferente: ele não é um "ex-iluminista" transformado em "neo-religioso", mas um representante de uma massa "ex-nunca-leitores" hoje incorporada ao mercado literário, um testemunho de como realmente ocorreu a interiorização dos recursos letrados nas camadas populares (em condições e com conseqüências que não estavam previstas no dispositivo da cultura letrada que parecia funcionar sob a premissa de que com a aquisição da educação se dissolveriam as visões cosmológicas e se difundiriam as hierarquias literárias da cultura à qual os professores rendem reverência).

Ao encontrar entre as coleções da bibliotecária e da estudante universitária livros de Paulo Coelho, o olhar decadentista pareceria se confirmar diagnosticando uma dupla regressão das letras ao mero divertimento e das luzes às trevas. Mas há uma interpretação alternativa para a qual esses dados nos sensibilizaram. Por um lado, as interpretacões e usos de Coelho prolongam usos desenvolvidos com leituras precedentes que, por sua vez, nunca foram as leituras autorizadas, mesmo quando se aplicam ao "que é preciso ler". Não se trata de que Paulo Coelho não traga nenhuma novidade, mas, em casos como os de Graciela e de Giulia, também não se trata de pensar a leitura de Coelho como um fenômeno sem antecedentes: Graciela já lia literatura de um grau baixo na qualificação dominante, e Giulia se fascina com Paulo Coelho em nome de uma continuidade que ela estabelece entre Paulo Coelho e o realismo mágico (neste caso, os pessimistas poderão queixar-se pela conexão que degradaria, segundo eles, o antecedente, mas não poderão negar que, do ponto de vista de Giulia, os antecedentes existem). Por outro lado, o que é novo não é o "retorno do sagrado", mas o fato da sua experiência do sagrado se articular à da leitura de narrativas.

3. Mediação Religiosa e Social em Paulo Coelho

A recepção dos livros de Paulo Coelho lhe atribui um poder particular de transmissão de emoções e mensagens morais: seus livros são testemunhos de experiências pessoais e reais (seja essa realidade simples transcrição de "fatos", literalização, alegoria ou, ainda, ato imaginativo, cuja realidade é o próprio ato que vale por seu caráter original e desafiante). Unidade da obra e do autor que remete à eficácia de tudo aquilo que conforma a mediação editorial (não só os esforços conscientes e sistemáticos de seus editores atuais, ou daqueles que administraram sua obra tendo em vista a consagração em termos de vendas, mas também todos os elementos que entraram em jogo na apresentação de Paulo Coelho diante de seu público desde o início da difusão de sua obra). Uma conclusão do estudo da difusão inicial de Coelho na Argentina (muito posterior à brasileira) permite sugerir uma hipótese que, convenientemente dialetizada, pode enquadrar um aspecto do funcionamento da mediação editorial no caso desse autor: ratificam-se as tendências da vanguarda da recepção, dando visibilidade às performances pessoais do autor (que tornam evidentes os traços que orientam a predileção pelo simples desdobramento de seus hábitos) e exibindo/construindo um perfil que espelha seletivamente as tendências da recepção, ajuda a difundi-lo mais facilmente e dá condição estruturada e estruturante a operações de recepção que subjazem ao perfil mítico de Coelho. O que sabemos da história pessoal do escritor e da construção de seu perfil mítico deixam ver que tanto o autor real como a figura mítica que orienta os leitores surgem compondo tensões que, num primeiro nível, reenviam às relações entre o catolicismo e a Nova Era e, num segundo nível, às tensões próprias da evolução histórica das classes médias. Essa composição dispõe no plano analítico em que se inscrevem os efeitos de funcionamento do circuito de autores e leitores (e todas suas mediações) um produto irredutível a seus antecedentes, uma transformação no interior dos dois níveis assinalados. É possivel dar indicações do sentido e consistência dessa afirmação ao analisar a entrevista realizada por Juan Arias (1999) no contexto de uma tentativa de sistematizar e passar a limpo os múltiplos aspectos da vida do escritor e contrastando-os com informações de nossa pesquisa em arquivo e da própria obra de Paulo Coelho.[7]

7. O livro de Arias, *Confissões de um Peregrino*, amplifica e detalha um padrão de apresentação de Coelho que, por meio de reportagens, resenhas e comentários, se faz nos principais jornais dos países onde a obra de Paulo Coelho é introduzida ou é lançado um novo volume.

3.1. Paulo Coelho, o Catolicismo e a Nova Era[8]

Paulo Coelho afirma freqüentemente que suas raízes católicas (ele nasceu num lar católico e estudou num colégio jesuíta) fundam sua opção religiosa atual. Um pertencimento militante ao catolicismo que nao deixa de ser problemático, posto que suas colocações religiosas e morais, evidenciadas em livros e *performances*, possuem uma série de divergências manifestas com as formas atuais do dogma a respeito das quais Coelho tem explicitado a intenção de uma militância transformadora.

O relato retrospectivo de sua conversão revela, se não uma heterodoxia, pelo menos uma forma muito particular de se reaproximar do catolicismo que, além da exposição de uma forma dramática de compaixão e arrependimento, vem acompanhada de uma lógica de sinais que fazem da magia, num sentido especial e restrito, o pavimento de acesso e constituição da fé readquirida depois da frustração com o caráter frio e distante do catolicismo vivido na infância e de uma juventude em que essa frustração se transformara numa rebeldia quase apocalíptica. Em 1979, depois do período das experiências de magia negra, do compromisso contracultural e das experiências que determinaram o fim desses empreendimentos – um "encontro com o mal" num apartamento em Copacabana, que parecia retaliar o compromisso religioso "incorreto", e o seqüestro e torturas que padece em 1974, desradicalizando suas expectativas políticas –, virá a experiência que o próprio Coelho chama de conversão. Numa viagem pela Europa visita um campo de concentração na Alemanha e revive imaginariamente a dor que o homem é capaz de produzir ao longo da história, sente que "deve fazer algo na vida para deter aquele horror de uma humanidade que não corrige suas loucuras", ouve uma voz e vê uma pessoa que desaparece, mas que ele voltaria a encontrar e a abordar dois meses depois num bar. Essa pessoa lhe oferece apoio espiritual para o que ele interpreta como necessidade de resolver alguns problemas pendentes, introduzindo-o numa ordem católica de antiga data à qual pertence até hoje (RAM – Rigor, Amor, Misericórdia) e na qual

8. Embora esse argumento tenha matizes diferenciais específicos, é preciso dizer que D'Andrea (1997) elabora uma primeira abordagem das questões da proximidade e síntese entre o catolicismo e a Nova Era, exemplificada por Paulo Coelho.

aprendeu "a linguagem simbólica" do cristianismo. Paulo Coelho retornava, assim, ao catolicismo pela via de uma ordem que pratica algo que, para ele, é magia, no sentido de um poder de reconhecer uma linguagem anterior ao próprio catolicismo, a linguagem dos sinais: "Ser mago significa desenvolver um poder cognitivo que nem sempre é aceito pelo saber oficial. Um mago é uma pessoa comum, mas que tem a consciência de que, muito além da superfície das coisas, existem outras realidades, outros movimentos, outras correntes" (*apud* Arias 1999:115). Desse modo, apesar da ordem ter o reconhecimento da Igreja, é óbvio que essa opção lhe permite conter seletivamente os critérios mágicos que a Igreja critica, erguendo-os como pilares que estruturam a apropriação e constituição de seu catolicismo.

Mas se a reivindicação e a re-significação de velhas tradições católicas (da recuperação da experiência do caminho de Santiago à revalorização da ordem dos templários) participam das arcanofilias típicas da espiritualidade Nova Era, é preciso dizer que Paulo Coelho efetua movimentos que, num sentido inverso, catolicizam os conceitos da cultura da Nova Era. A maioria de seus livros invoca em epígrafe textos bíblicos que servem como chave de leitura e de narrações que incrustam com relevo preferencial as figuras católicas no contexto do pensamento próprio à Nova Era. Se sua idéia de que "tudo é sagrado" insiste num tema clássico dessa corrente, é preciso registrar como parte de sua pró-catolicidade o lugar central que ocupam paisagens, personagens e comentários bíblicos, e particularmente os neotestamentários, assim como a presença da vocação mariana no cultivo e na articulação do tópico do lado feminino da divindade e, principalmente, na superposição ao contexto da Nova Era de um deísmo que não se reduz à definição de divindade como energia impessoal: no centro do sagrado impera UM Deus ao qual, numa concessão ao espírito ecumênico da Nova Era, se chega por meio das mais diversas experiências.[9]

9. O *Diário de um Mago* oferece uma claríssima modulação desse matiz. A prece que o guia ensina ao protagonista (o próprio Coelho) diz: "Tende piedade dos que reduzem o Cosmos a uma explicação... Mas tende piedade dos que possuem a fé cega, e nos laboratórios transformam mercúrio em ouro, e estão cercados de livros sobre os segredos do Tarot e o poder das pirâmides. Porque estes não conhecem Tua lei que diz: é das crianças o reino dos céus."

A tentativa de definir a posição denominacional ou confessional de Coelho não pode se restringir nem à autodefinição de catolicismo do autor nem à análise dos conteúdos da sua doutrina, que poderia evidenciar uma distância que não deve ser interpretada como ruptura, mas como efeito de uma síntese. Uma tentativa de interpretação deve assumir o dado suposto pela heterogeneidade dos formatos institucionais do catolicismo e da Nova Era: ela institui crenças e práticas que abarcam (e excedem) o campo religioso a partir de dinâmicas e agentes diferentes das igrejas e, além disso, em seu caráter de cultura diferenciada do catolicismo e da cultura que ele produziu, penetra no âmbito católico constituindo a oportunidade para uma articulação de novas catolicidades. Paulo Coelho é, justamente, um operador e um resultado desse encontro.

3.2. As classes médias e suas sínteses sócioespirituais: de Chico Xavier a Paulo Coelho

Mas a tensão localizada no plano das ideologias religiosas se harmoniza com a vibração de outra corda: aquela em que se entrecruzam as tensões da biografia de Coelho e a evolução crispada das classes médias a partir dos anos 60. Na biografia de Coelho, para além das idealizações retrospectivas, estão presentes os elementos que caracterizam uma confluência que fez dos jovens o vetor do desenvolvimento de uma nova plataforma cultural elaborada no contexto do conflito que confrontou essa geração, ou parte dela, com as precedentes. O espírito de questionamento dos modelos culturais que começaram a ser considerados perecidos, organizado como reivindicação da autonomia individual, nas dimensões do vínculo familiar, do sexo e da orientação religiosa, e plasmado em experiências nas quais se apelou a substâncias "para alterar a consciência normal", em apostas coletivas de mudança da ordem sóciopolítica, na reivindicação das sexualidades reprimidas, tomou conta de Coelho como de tantos outros. Coelho usou drogas, fez letras para movimentos de renovação musical, teve momentos de dúvida sobre sua orientação sexual, comprometeu-se com religiosidades alternativas, flertou com politicidades revolucionárias e, a partir de experiências que foram simbolizadas como limite, excesso, equívoco ou padecimento por retaliação, atravessou uma espécie de crise de maturidade que se resolveu na recomposição do projeto de vida.[10] A partir daí deu continuidade à paixão estética, substituiu o afã de revolução social pelo de mudança a partir de cada um, reelaborou e aprofundou a dimensão religiosa, cancelando o aspecto negro da via da magia (o que propunha interferir na vida dos outros sem anuência) com a conversão ao catolicismo e com o desenvolvimento de uma concepção que postula a consistência sagrada do real. Cada um desses passos compõe um conjunto de movimentos pelos quais Coelho fez sua própria versão da continuidade reelaborada do projeto da autonomia.[11]

A partir dessa evolução é plausível concluir que, no caso de Coelho, a tensão Nova Era-catolicismo que relevamos em primeira instância tem uma premissa motora na dinâmica e na tensão entre, por um lado, a rebelião cultural dos jovens das classes médias dos anos 60 e sua recuperação crítica dos anos 80 e, por outro, um catolicismo que foi tomado como expressão dominante da "tradição" que os jovens das classes médias haviam transformado em alvo de seus ataques. Se o espiritismo brasileiro, liderado por Chico Xavier, constituía uma tentativa de mediar e compor os papéis do santo e caxias que tanto atraíam e influenciavam as classes médias em formação, Paulo Coelho pode ser concebido como a tentativa de compor uma tensão entre dois pólos que correspondem a um novo "patamar" de desenvolvimento dessas mesmas classes médias. Num desses pólos não há mais caxias, mas uma profunda divisão entre loucos e caretas, na qual os primeiros, ainda que talvez nunca tenham sido maioria, tiveram a iniciativa estratégica e a capacidade de distribuir os nomes, gozando, em definitivo, de uma espécie de hegemonia. O pólo do santo é o de uma consciência religiosa que registra os efeitos da pluralização

10. É um simbólo desse percurso o fato que Paulo Coelho faça questão de esclarecer que Petrus, seu guia no Caminho de Santiago, seja religioso, rico e militante do mítico Partido Comunista Italiano. Duvido que esse trecho tenha sido dos mais importantes para seus leitores e que esse parágrafo consiga transmitir melhor do que outros uma vocação de conciliação entre seus ideais juvenis e as realidades da sua maturidade. No entanto, não considero que seja desatinado pensar a relevância disso na maneira em que inscreveu suas reorientações vitais (numa guinada para poucos), que é o que interessa nesse ponto.

11. Essa tese é colocada por Carozzi (1999), a propósito do complexo de temas e atividades implicados na Nova Era.

do campo religioso e, principalmente, uma situação específica: a transformação "muda" do catolicismo que exerce uma função reitora no campo religioso, mas se amplia com a incorporação subordinada de outras espiritualidades ou no diálogo tensional com os efeitos do desenvolvimento do espiritismo e dos subjetivismos religiosos amparados por diversas psicologias (esses que, produzindo efeitos no pólo onde loucos e caretas se confrontam, pré-traçam no campo religioso, junto com esoterismos e orientalismos, os antecedentes culturais do que poderá se constituir, em seguida, como Nova Era). Sendo assim, é possível dizer que Coelho é mediador entre uma nova fase histórica das classes médias e os efeitos da tramitação dessa fase no campo religioso: faz a mediação entre o rebelde e a religião que já está sacudida pela rebeldia. Nessa tensão, não se limita a compor e sintetizar correntes pré-existentes: pela época em que lhe correspondeu agir, pelo papel que desempenhou efetivamente nela, tende também a constituir esses movimentos que, de forma transitória e incompleta, são antitéticos: Coelho, como militante religioso alternativo, é o rebelde prévio à conciliação, o espírito desafiador dos tabus católicos. Mas também é aquele que, como literato, conectou os pressupostos alternativos com o catolicismo sem que isso significasse um abandono absoluto de suas posturas críticas da Igreja Católica. E ao nos aproximarmos dos momentos atuais da vida de Coelho, que são os de seu desenvolvimento como literato e os da resolução de uma trajetória prévia, percebemos que seu exercício, em outra situação, obviamente, é análogo ao que torna compreensível a intervenção de Chico Xavier: ali onde esse compunha o santo e o caxias, Coelho concilia os motivos contraculturais e uma consciência religiosa heterogeneizada, mas regida ainda pelo catolicismo (Lewgoy 2000).

O fato de que em muitos países onde Paulo Coelho é tão vendido e lido como no Brasil não haja existido um Chico Xavier não leva a postular a impossibilidade de transpor a analogia. Em primeiro lugar, porque a bifurcação tensional das classes médias, o surgimento de supostos culturais expressados na reconstituição do campo religioso e na releitura do catolicismo não são fenômenos exclusivamente brasileiros. Em segundo lugar, e isso é mais importante ainda, porque esses impulsos culturais das classes médias foram parte de um movimento de fusão de horizontes e perspectivas transnacionais do qual Coelho não é apenas um articulador, mas também um resultado. De fato, Paulo Coelho é impensável sem as vias e os horizontes simbólicos transnacionais gerados a partir do rock, da cultura pop, da massificação da psicologização, da mudança nas pautas de relação entre gêneros, das etapas iniciais da Nova Era. O fato de que no caso brasileiro tenha havido uma religiosidade "pós-católica", densa e instauradora de uma diferença "forte" no campo religioso, não deve obscurecer que, no caso argentino, por exemplo, existiram expressões de diferenciação como o próprio espiritismo, a profusão da literatura esotérica que criou seu próprio e enorme campo de leitores e uma ampla e variada série de cultos nos quais se santificaram perfis, práticas e valores das classes médias baixas. Esse conjunto, por menor que seja, carcomeu a hegemonia católica e, então, é possível dizer que a diferença brasileira é de grau e que a tensão e a possibilidade de uma síntese como a operada por Coelho também estava dada no caso argentino.[12]

3.3. Paulo Coelho: literato e sacerdote *sui generis*

Como resultado das mediações que concretizou na realidade e em seu próprio perfil mítico, Paulo Coelho também é protagonista e resultado de uma operação que redefine, polemicamente, os atributos do homem de letras consagrado e, no mesmo movimento, as características do líder religioso e moral. Isto se evidencia ao se considerar algumas decorrências do ingresso de Paulo Coelho na Academia Brasileira de Letras.

Por mais discutida que possa ser a Academia Brasileira de Letras para os críticos vanguardistas e, apesar de tudo o que se possa argumentar com razão acerca da pluralização das instâncias de consagração literária, a incorporação recente de Paulo Coelho à Academia Brasileira de Letras é um momento de legitimação de um literato. E como tal tem a especificidade de ser um ponto de encontro entre as estratégias (conscientes ou inconscientes) de Coelho e as tendências históricas da

12. Por outro lado, o fato de que o movimento pelo qual Coelho remeteria ao de Xavier tenha um aspecto universal ou de convergência não impede de pensar que as singularidades das configurações nacionais incidam nas particularidades da apropriação de Coelho, tanto nas modalidades como na distribuição das mesmas.

instituição, uma mostra cabal do fato de que trajetórias e perfis diferentes dos tradicionalmente admitidos começam a fazer parte dos círculos das elites das letras. O contraste entre Paulo Coelho e os perfis tradicionalmente dominantes na ABL não poderia ser mais ilustrativo[13]: Paulo Coelho provém da cultura pop sob uma forma de jornalismo alternativo ou da indústria fonográfica, quer dizer, de ramos jovens e de sucesso da penúltima camada da modernidade brasileira, enquanto seus colegas fizeram fortuna nas profissões liberais tradicionais, no jornalismo, na cátedra universitária (muitas vezes combinando essas atividades em graus variáveis). No interior desse desdobramento, surge um vetor que torna ainda mais agudo o contraste: Coelho foi quase sempre um homem inserido no mundo privado-alternativo ou mercantil, enquanto a maioria dos imortais desempenhou cargos públicos, exerceu a diplomacia, batalhou politicamente pela condução de algum nível estatal e, em muitos casos, conseguiu aceder a importantes posições legislativas, executivas e judiciárias.

Somente três dos membros da Academia de Letras foram religiosos, quer dizer, sacerdotes católicos. Ultimamente Paulo Coelho hesita em se definir como mago, dando a impressão de que para ganhar o reconhecimento do mérito literário de seus pares esteja disposto a relegar um aspecto que gerava os mais importantes questionamentos de uma parte de seus colegas. Mas se prestarmos atenção nas suas apresentações internacionais ou no seu próprio discurso de posse na ABL – no qual a profusão de citações literárias dos clássicos e de seus predecessores no posto foi acompanhada da reivindicação das figuras ético-religiosas que a literatura de Coelho cultiva permanentemente – veremos que ainda que não o reconheça plenamente, Paulo Coelho poderia inaugurar na academia a linhagem dos líderes religiosos alternativos implicado em seu caráter de mago e na novidade de sua conjunção de experiências religiosas.

Mas é preciso considerar o avesso dessa situação. No plano religioso temos também efeitos que devem ser computados. Paulo Coelho não instituiu uma igreja, um

13. A elaboração do contraste entre Paulo Coelho e o perfil histórico médio dos membros da Academia Brasileira de Letras leva em consideração dados válidos até 1999, segundo a observação original de Costa e Silva (1999).

culto ou uma seita e se autoconcebe e proclama católico. Não obstante, é possível encontrar entre seus leitores aqueles que, com base na sua leitura, aconselham, promovem atitudes e formas de associação e, ainda, aqueles que, mesmo sem contar com a sanção do autor, encontraram em sua obra um *corpus* de crenças, depois de terem fracassado, pelas razões mais variadas, em instituições religiosas de formatos mais clássicos, com sacerdote, ritual e oferenda. Dos livros, além das últimas expressões do autor que se considera exclusivamente escritor, e sem com isso endossar uma opinião pejorativa, emerge um novo tipo de liderança espiritual.

4. Conclusão

Um texto incomum de Bourdieu define com clareza as propriedades da conjuntura histórica em que produz seus efeitos a dialética que liga sociedade, autor e leitores no caso de Paulo Coelho. Nele afirma: "o desmoronamento da fronteira do campo religioso" se liga a "uma redefinição da divisão da alma e corpo e da divisão correlata do trabalho de cura de almas" (Bourdieu 1986:104). Nesse contexto temos o fim do monopólio do sacerdote, porque fim da esfera da religião como campo dos bens de salvação definidos a partir da separação alma-mente-corpo e porque também é questionada a regra da divisão das especialidades e suas incumbências. A literatura de Paulo Coelho, da produção à recepção, aparece como a oportunidade para que a dissociação letras-religião seja questionada e reelaborada.

Primeiro, para o olhar disciplinar que tem consagrado duas tradições epistemologicamente cegas perante o cruzamento dos fatos religiosos e literários. De uma parte, uma ampla tradição de estudos sobre recepção que, por esperar a libertação pela via dos livros, tende a excluir a "escravizante" literatura religiosa do seu campo de objetos. Da outra parte, certas ciências sociais da religião que relativizam o valor dos livros religiosos por serem simples expressões do dogma que toda religião realmente existente reelabora em usos históricos, que são os que devem interessar ao pesquisador. Porém, quando públicos amplíssimos têm privilegiado a literatura religiosa e quando as religiões realmente existentes começam a fazer-se com livros e em forma autônoma, a separação entre estudos literários "iluminocêntricos" e estudos religiosos que procuram sua verdade em rituais e vivências, longe do catecismo oficial escrito, revela-se estéril.

No entanto, dito isso, comprova-se que há algo que é mais importante: se a dissociação das disciplinas mostra-se problemática é porque as práticas não se regulam por essa separação. Nossos casos, expondo uma série de articulações singulares e contingentes entre regime de crenças, formas de relação com a literatura e representações da pessoa e sofrimento subjacentes, permitem concluir: é impossível retornar ao tempo mítico em que as práticas pareciam parte de um *continuum*, mas é igualmente impossível o regime de segmentação perfeita que pressupõem as miradas disciplinares. A realidade que os pontos de vista disciplinares desconhecem localiza-se, então, no jogo em que aquilo que nunca termina de definir-se como exclusivamente literário (toda literatura?) e aquilo que nunca termina de definir-se exclusivamente como religioso (toda religião?) dialogam e incidem-se reciprocamente. Do entrecruzamento surge uma salvação que está aquém em vez de além, uma oração que se faz sem saber-se tal, como leitura, como distanciamento de si mesmo e como retorno crítico sobre si. Daí surgem escritores que moralizam apelando aos imperativos de uma totalidade cosmológica que eles mesmos ajudam a reconstruir. Daí, finalmente, surgem possibilidades de construções éticas às quais o suposto da irrelevância do gênero da "auto-ajuda" lhes renega uma importância histórica que Giddens (1992:74,75) reconheceria: comparável à que tiveram, em outras épocas, os manuais de conduta medievais analisados por Norbert Elias, ou as obras de etiqueta estudadas por Erving Goffman.

Referências Bibliográficas

AMARAL, Leila. *Carnaval da Alma: comunidade, essência e sincretismo na Nova Era.* Petrópolis: Vozes, 2000.

ARIAS, Juan. *Confissões de um Peregrino: entrevista com Paulo Coelho.* Rio de Janeiro: Objetiva, 1999.

D´ANDREA, Anthony. Cristianismo New Age: o caso de Paulo Coelho. Trabalho apresentado no Centro Loyola de Fé e Cultura, Rio de Janeiro, em 19 de Maio de 1997.

BERGER, Peter. A dessecularização do mundo: uma visão global. *Religião e Sociedade*, 21 (1), 2001.

BOURDIEU, Pierre. La disolución de lo religioso. In: *Cosas Dichas*. Buenos Aires: Gedisa, 1986.

CAROZZI, María Julia. Nova Era: a autonomia como religião. In: CAROZZI, M. J. (org.): *A Nova Era no Mercosul*. Petrópolis: Vozes, 1999.

COSTA e SILVA, Valéria. *Os Segredos da Imortalidade: uma etnografia da Academia Brasileira de Letras*. Rio de Janeiro: Dissertação de Mestrado, UFRJ/Museu Nacional/ PPGAS, 1999.

GIDDENS, Anthony. *A Transformação da Intimidade: sexualidade, amor e erotismo nas sociedades modernas*. São Paulo: UNESP, 1992.

LEWGOY, Bernardo. *Os Espíritas e as Letras: um estudo antropológico sobre a cultura escrita e oralidade no espiritismo kardecista*. São Paulo: Tese de Doutorado, Universidade de São Paulo / FFLCH, 2000.

MARIANO, Ricardo. Os Neopentecostais e a Teologia da Prosperidade. *Novos Estudos CEBRAP* nº 44, São Paulo, 1996.

PETIT, Michèle. *Lecturas del Espacio Íntimo al Espacio Público*. México, DF: Fondo de Cultura Económica/ Espacios Para la Lectura, 2001.

SANCHIS, Pierre. O campo religioso contemporâneo no Brasil. In: ORO, A. e STEIL, C. (orgs.). *Globalização e Religião*. Petrópolis: Vozes, 1997.

SEMÁN, Pablo. Los filtros populares en la recepción de la Teología de la Prosperidad. Paper apresentado no XXII Encontro da ANPOCS, Caxambú, 1998.

VELHO, Otávio. Globalização: antropologia e religião. In: ORO, A. e STEIL, C. (orgs.). *Globalização e Religião*. Petrópolis: Vozes, 1997.

Dados Internacionais de Catalogação na Publicação (CIP)
(Câmara Brasileira do Livro, SP, Brasil)

Circuitos Infinitos : comparações e religiões no Brasil, Argentina, Portugal, França e Grã-Bretanha / Leila Amaral ... [et al.] ; organização e introdução Otávio Velho. — São Paulo : Attar, 2003. — (Coleção de antropologia : movimentos religiosos no mundo contemporâneo)
Outros autores : Emerson Giumbelli, Clara Mafra, Pablo Semán
Bibliografia.

ISBN 85-85115-21-1
ISBN 85-85115-16-5 (Série)

1. Antropologia social 2. Religiosidade 3. Religiões I. Amaral, Leila. II. Giumbelli, Emerson. III. Mafra, Clara. IV. Semán, Pablo. V. Velho, Otávio. VI. Título : Comparações e religiões no Brasil, Argentina, Portugal, França e Grã-Bretanha. VII. Série

C3-5380 CDD-306.6

Índices para catálogo sistemático

1. Religiões : Comparações : Antropologia social : Sociologia 306.6

Este livro foi composto em
Caslon 540 e impresso pela
Gráfica Palas Athena em
setembro de 2003.